Épicure

Lettre à Ménécée

(IVe siècle av. J.-C.)

suivi d'une **analyse critique**
et d'un **dossier sur la notion de bonheur**

Collection dirigée par **Laurence Hansen-Løve**

Traduction originale, notes et analyse par **Pierre Pénisson**
agrégé de philosophie

Dossier sur la notion de bonheur par **Laurence Hansen-Løve**
agrégée de philosophie

Lettre à Ménécée

L'analyse critique

REPÈRES CLÉS POUR SITUER L'ŒUVRE

FICHES DE LECTURE POUR COMPRENDRE LES ENJEUX DE L'ŒUVRE

ISBN 978-2-218-99139-4

Le dossier sur
la notion de liberté

TEXTES ÉCHOS POUR APPROFONDIR LA NOTION

PROBLÉMATIQUES POUR INTERROGER LA NOTION

OUTILS COMPLÉMENTAIRES

Les textes d'Épicure qui nous sont parvenus ne sont qu'une infime partie de son œuvre qui, d'après Diogène Laërce (vers le IIIe siècle apr. J.-C.), comptait environ 300 titres. Notre source quasi unique est le dizième des dix livres consacrés par Diogène Laërce aux *Vies et doctrines des philosophes illustres*. Il y a conservé les trois lettres, *à Hérodote*, sur la physique ; *à Pythoclès*, sur les météores ; *à Ménécée*, ici publiée, ainsi que quarante *Maximes principales*. L'établissement du texte grec est dû au philologue H. Usener dans ses *Epicurea* publiés à Leipzig en 1887.

En 1888, K. Wotke découvre aussi, dans un manuscrit de la bibliothèque du Vatican, 81 *Sentences* dès lors dites « vaticanes ». Enfin, les fouilles d'Herculanum ont mis au jour une bibliothèque épicurienne dont les ouvrages étaient très abîmés, parmi lesquels le fameux *De la nature*, dont le mauvais état n'a permis qu'une publication de fragments très mutilés.

Nous remercions tout particulièrement Tiphaine Karsenti pour ses conseils et sa lecture attentive, ainsi que pour son aide dans l'établissement du Glossaire.

Lettre à Ménécée

[1] Quand on est jeune, il ne faut pas attendre pour philosopher et quand on est vieux, on ne doit pas se lasser de la philosophie, car personne n'est trop jeune ni trop vieux pour prendre soin de son âme. Dire qu'il est trop tôt ou trop tard pour faire de la philosophie, cela revient à dire que l'heure d'être heureux n'est pas venue encore ou qu'elle a déjà passé. Ainsi le jeune homme comme l'homme âgé doivent philosopher. L'homme âgé afin de rajeunir au souvenir des bonnes choses qu'il a vécues dans le passé[1], le jeune homme afin d'être, malgré sa jeunesse, aussi serein et exempt de craintes devant l'avenir qu'un homme plus âgé.

[2] Dès lors, il faut rechercher ce qui nous rend heureux, puisque avec le bonheur nous avons tout ce qu'il nous faut, alors que si nous ne sommes pas heureux, nous faisons tout pour avoir ce bonheur.

[3] Suis et pratique l'enseignement que je ne cesse de te prodiguer et comprends qu'il y va des principes[2] de la vie heureuse.

1. En repensant à ce qu'il a vécu dans le passé, le vieillard réactive la richesse de la vie, et se sent rajeunir. *Cf.* fiche 6, p. 37-38.

2. Principe : traduction du mot grec *arche*, « commencement ». Épicure est donc en train d'exposer ce qui doit être à l'origine de la vie heureuse, ce qui en est la base, le fondement.

[4] Et d'abord songe qu'un dieu est un être immortel et bienheureux, conformément à l'idée que nous en avons. Ne
20 lui attribue rien qui contredise cette immortalité et cette béatitude, par contre accorde-lui tout ce qui convient à l'immortalité et à la béatitude, car l'évidente connaissance que nous avons des dieux montre bien qu'ils existent[1].

[5] Seulement ils ne sont pas comme le croit la multitude. Et
25 nier les dieux de la multitude, ce n'est pas être impie. L'impie n'est pas celui qui nie les dieux de la multitude, mais celui qui attache aux dieux ce que la multitude leur prête dans ses opinions. Car ces dernières, loin d'être des intuitions justes, sont des suppositions fallacieuses ; c'est de là que vient l'idée que les
30 dieux sont responsables du mal qui advient aux méchants et du bien répandu sur les bons. C'est que la multitude est prisonnière des idées qu'elle se fait de la vertu, elle veut des dieux qui s'y conforment et rejette tout ce qui est différent[2].

[6] Maintenant, habitue-toi à la pensée que la mort n'est
35 rien pour nous, puisqu'il n'y a de bien et de mal que dans la sensation et que la mort est absence de sensation. Par conséquent, si l'on considère avec justesse que la mort n'est rien pour nous, l'on pourra jouir de sa vie mortelle. On cessera de l'augmenter d'un temps infini et l'on supprimera le regret de
40 n'être pas éternel. Car il ne reste plus rien d'affreux dans la vie quand on a parfaitement compris que la mort n'a rien d'effrayant. Il faut donc être sot pour dire avoir peur de la mort, non pas parce qu'on souffrira lorsqu'elle arrivera, mais parce qu'on souffre de ce qu'elle doit arriver. Car si une chose ne

1. Épicure ne met pas en doute l'existence des dieux. *Cf.* fiche 3, p. 24-26.
2. *Cf.* fiche 3, p. 24-26.

45 nous cause aucune douleur par sa présence, l'inquiétude qui est attachée à son attente est sans fondement.

[7] Ainsi le mal qui nous effraie le plus, la mort, n'est rien pour nous[1], puisque lorsque nous existons la mort n'est pas là et lorsque la mort est là nous n'existons pas. Donc la mort
50 n'est rien pour ceux qui sont en vie, puisqu'elle n'a pas d'existence pour eux, et elle n'est rien pour les morts, puisqu'ils n'existent plus.

[8] Mais la plupart des gens tantôt fuient la mort comme le pire des maux, tantôt la désirent comme le terme
55 des souffrances de la vie. Le sage, lui, ne craint pas de vivre : car la vie n'est pas un poids pour lui ; mais il ne considère pas non plus le fait de ne pas vivre comme un mal. De même qu'il ne préfère pas une nourriture très abondante à une nourriture très savoureuse, de même, pour le temps, il
60 ne cherche pas à jouir du plus long, mais du plus agréable. Et ceux qui enjoignent au jeune homme de vivre bien et au vieillard de bien mourir disent une niaiserie : d'abord parce que le vieillard aussi goûte la douceur de vivre, et surtout parce que méditer sur la façon de bien vivre et sur
65 la façon de bien mourir, c'est la même chose. Plus niais encore est celui qui tient qu'il vaut mieux ne pas naître et « une fois né, franchir au plus tôt les portes de l'Hadès[2] ». S'il croit cela, que ne quitte-t-il la vie ? Il en a les moyens, s'il le voulait vraiment ! Si ce n'est là que raillerie, il se
70 montre léger sur un sujet qui n'est pas frivole.

---

1. *Cf.* fiche 6, p. 37-38.

2. Citation du poète grec Théognis (seconde moitié du VIe siècle av. J.-C.). L'Hadès désigne l'enfer.

[9] Ainsi, songe que l'avenir n'est ni tout à fait à nous, ni tout à fait hors de nos prises, afin de ne pas l'attendre, comme s'il devait se réaliser à coup sûr et cependant de ne pas désespérer, comme s'il était assuré qu'il dût ne pas arriver.

75 [10] Maintenant, il faut parvenir à penser que, parmi les désirs, certains sont naturels, d'autres sont vains. Parmi les désirs naturels, certains sont nécessaires, d'autres sont simplement naturels. Parmi les désirs nécessaires, les uns le sont pour le bonheur, d'autres pour le calme du corps, d'autres 80 enfin simplement pour le fait de vivre.

En effet, une vision claire de ces différents désirs permet à chaque fois de choisir ou de refuser quelque chose, en fonction de ce qu'il contribue ou non à la santé du corps et à la sérénité de l'âme, puisque ce sont ces deux éléments qui constituent la 85 vie heureuse dans sa perfection. Car nous n'agissons qu'en vue d'un seul but : écarter de nous la douleur et l'angoisse. Lorsque nous y sommes parvenus, les orages de l'âme se dispersent, puisque l'être vivant ne s'achemine plus vers quelque chose qui lui manque, et ne peut rien rechercher de plus pour le bien de 90 l'âme et du corps. En effet, nous ne sommes en quête du plaisir que lorsque nous souffrons de son absence. Mais quand nous n'en souffrons pas, nous ne ressentons pas le manque de plaisir.

[11] Et c'est pourquoi nous disons que le bonheur est le commencement et la fin de la vie heureuse. Car il est le 95 premier des biens naturels. Il est au principe de nos choix et refus, il est le terme auquel nous atteignons chaque fois que nous décidons quelque chose, avec, comme critère du bien, notre sensation[1]. Précisément parce qu'il est le bien premier,

1. Sensation : *cf.* Glossaire p. 94.

épousant notre nature, pour cela précisément nous ne recher-
100 chons pas tout plaisir. Il est des cas où nous méprisons bien des plaisirs : lorsqu'ils doivent avoir pour suite des désagréments qui les surpassent ; et nous estimons bien des douleurs meilleures que les plaisirs : lorsque, après les avoir supportées longtemps, le plaisir qui les suit est plus grand pour nous.
105 Tout plaisir est en tant que tel un bien et cependant il ne faut pas rechercher tout plaisir ; de même la douleur est toujours un mal, pourtant elle n'est pas toujours à rejeter. Il faut en juger à chaque fois, en examinant et comparant avantages et désavantages, car parfois nous traitons le bien comme un mal,
110 parfois au contraire nous traitons le mal comme un bien.

[12] C'est un grand bien, croyons-nous, que de savoir se suffire à soi-même[1], non pas qu'il faille toujours vivre de peu en général, mais parce que si nous n'avons pas l'abondance, nous saurons être contents de peu, bien convaincus que
115 ceux-là jouissent le mieux de l'opulence, qui en ont le moins besoin. Tout ce qui est naturel s'acquiert aisément, malaisément ce qui ne l'est pas. Les saveurs ordinaires réjouissent à l'égal de la magnificence dès lors que la douleur venue du manque est supprimée. Le pain et l'eau rendent fort vif le
120 plaisir, quand on en fut privé. Ainsi l'habitude d'une nourriture simple, non somptueuse, porte à la plénitude de la santé, elle rend l'homme capable d'accomplir aisément ses occupations, elle nous permet de mieux jouir des nourritures coûteuses quand, par intermittence, nous nous en appro-
125 chons, elle nous enlève toute crainte des coups de la fortune.

1. **Savoir se suffire à soi-même** : en grec, un seul mot suffit à traduire ce concept, *autarkeia*, qui a donné « autarcie » en français. Il représente la capacité du sage à être indépendant des contingences extérieures. *Cf.* Glossaire, p. 91.

Partant, quand nous disons que le plaisir est le but de la vie, il ne s'agit pas des plaisirs déréglés ni des jouissances luxurieuses ainsi que le prétendent ceux qui ne nous connaissent pas, nous comprennent mal ou s'opposent à nous. Par plaisir,
130 c'est bien l'absence de douleur dans le corps et de trouble dans l'âme qu'il faut entendre. Car la vie de plaisir ne se trouve pas dans d'incessants banquets et fêtes, ni dans la fréquentation de jeunes garçons et de femmes, ni dans la saveur des poissons et des autres plats qui ornent les tables magnifiques, elle est
135 dans un raisonnement vigilant[1] qui s'interroge sur les raisons d'un choix ou d'un refus, délaissant l'opinion qui avant tout fait le désordre de l'âme.

[13] Au principe de tout cela se trouve le plus grand des biens: la prudence[2]. Elle est plus précieuse encore que la
140 philosophie, puisque les autres vertus procèdent d'elle naturelle- ment car elle enseigne qu'une vie sans prudence ni bonté ni justice ne saurait être heureuse et qu'on ne peut pratiquer ces vertus sans être heureux. De fait, les vertus se trouvent naturellement liées à la vie heureuse, de même que
145 la vie heureuse ne se sépare point de ces vertus.

[14] Maintenant songe si l'on peut surpasser un homme qui a une pensée juste relativement aux dieux, qui toujours reste sans crainte devant la mort, qui a mené à terme son raisonnement sur le but de la nature. Il voit distinctement à
150 quel point on peut aisément atteindre et posséder le comble

1. En grec, Épicure fait un jeu de mot en employant l'expression *nèphôn logismos* qui signifie littéralement « raisonnement sobre ». Le sage sait que le vrai plaisir ne se trouve pas dans l'excès, et il reste toujours sobre. Il ne peut y avoir de plaisir sans tempérance.

2. Prudence : *cf.* Glossaire p. 94.

du bien, à quel point les limites du mal sont réduites, quant à la durée ou à l'intensité.

[15] Il perce à jour cette fatalité dont certains[1] font la maîtresse du monde. [Si certaines choses dépendent de
155 la fortune, d'autres proviennent de nous. À la nécessité on ne saurait imputer une responsabilité. Le hasard, lui, est chose instable ; seul notre pouvoir propre, sans autre maître que nous-mêmes, est naturellement susceptible de blâme ou d'éloge.]

160 [16] D'ailleurs, mieux vaudrait encore adopter les fables relatives aux dieux que de s'inféoder au destin des « physiciens[2] », car du moins les fables donnent-elles à espérer que les dieux fléchiront devant nos prières, alors que ce destin impose un cours inexorable.

165 [17] Il ne faut pas avoir le préjugé que la fortune est un dieu comme le croient la plupart des gens. Car un dieu n'agit pas de façon désordonnée. Et il ne faut pas tomber dans le préjugé suivant lequel la fortune serait une sorte de cause incertaine ; car certains croient qu'elle préside à la distribu-
170 tion du bien et du mal parmi les hommes, faisant ainsi, et défaisant cependant, leur bonheur ou leur malheur.

[18] Pense qu'il vaut mieux que la raison prévale devant la fortune plutôt que la fortune devant le raisonnement. Car il y a plus de beauté lorsque nos actions remportent un succès grâce
175 à la fortune après qu'elles ont été déterminées par un juste jugement[3].

1. Certains : il s'agit des stoïciens.
2. Ces « physiciens » sont ceux qui veulent que rien n'arrive par hasard.
3. *Cf.* fiche 3, p. 26-27.

[19] Médite ces enseignements et tout ce qui s'y rattache. Pratique-les à part toi et avec ton semblable. Pratique-les le jour et la nuit, et jamais, ni dans la veille ni dans le rêve, tu
180 ne seras la proie du trouble. Tu vivras comme un dieu parmi les hommes. Car celui qui vit parmi les biens immortels ne se compare plus en rien à un autre animal mortel.

Le « quadruple remède » :

« Les dieux ne sont pas à craindre
185 La mort n'est pas à craindre
On peut atteindre le bonheur
On peut supprimer la douleur. »

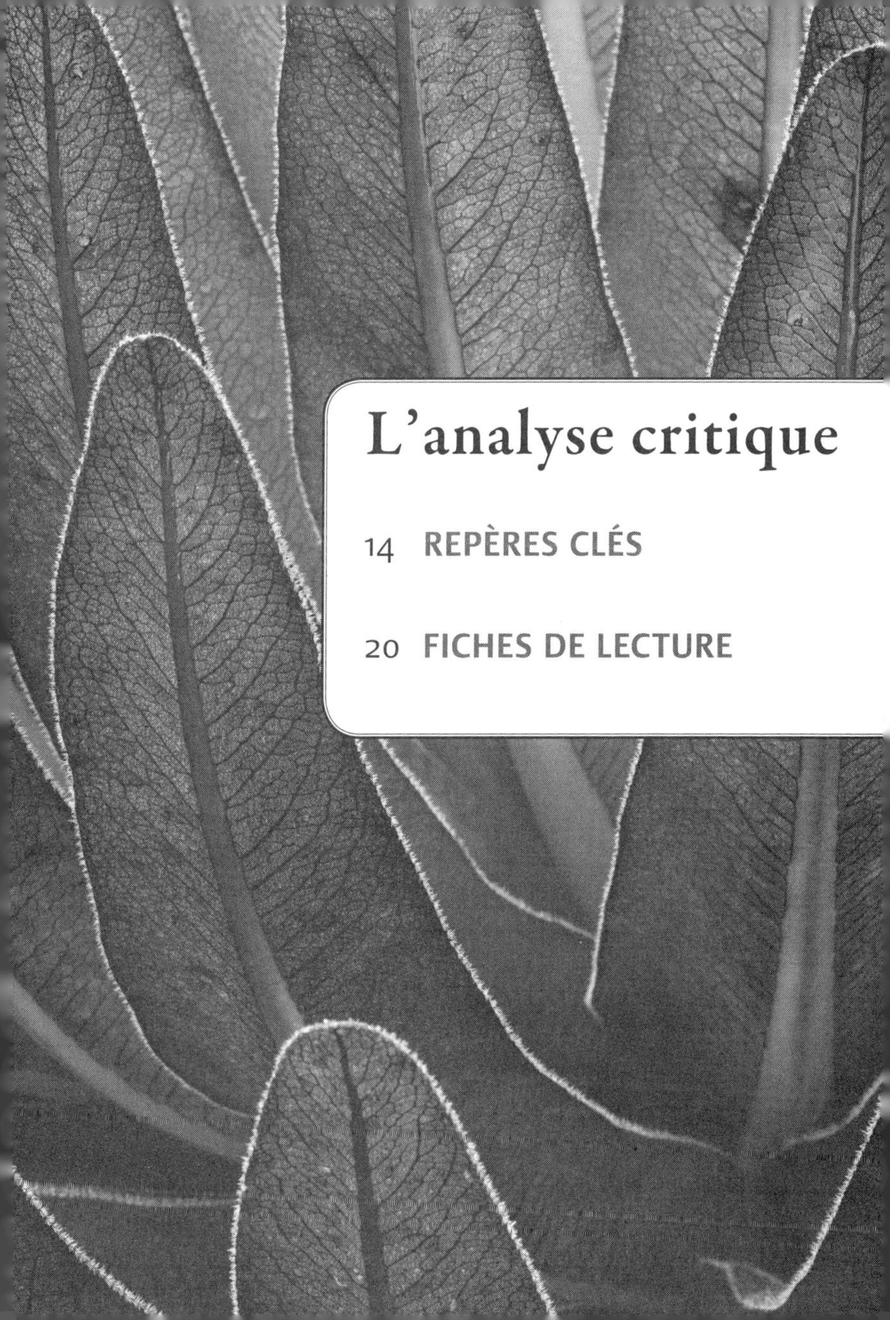

L’analyse critique

Frise chronologique

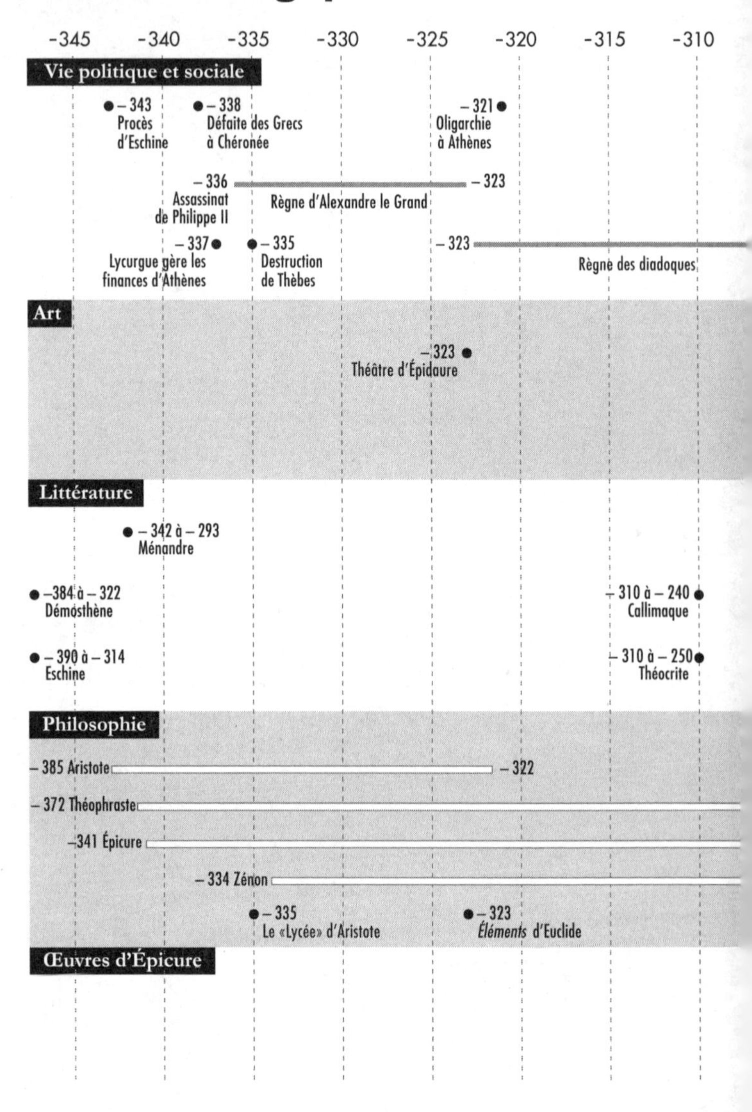

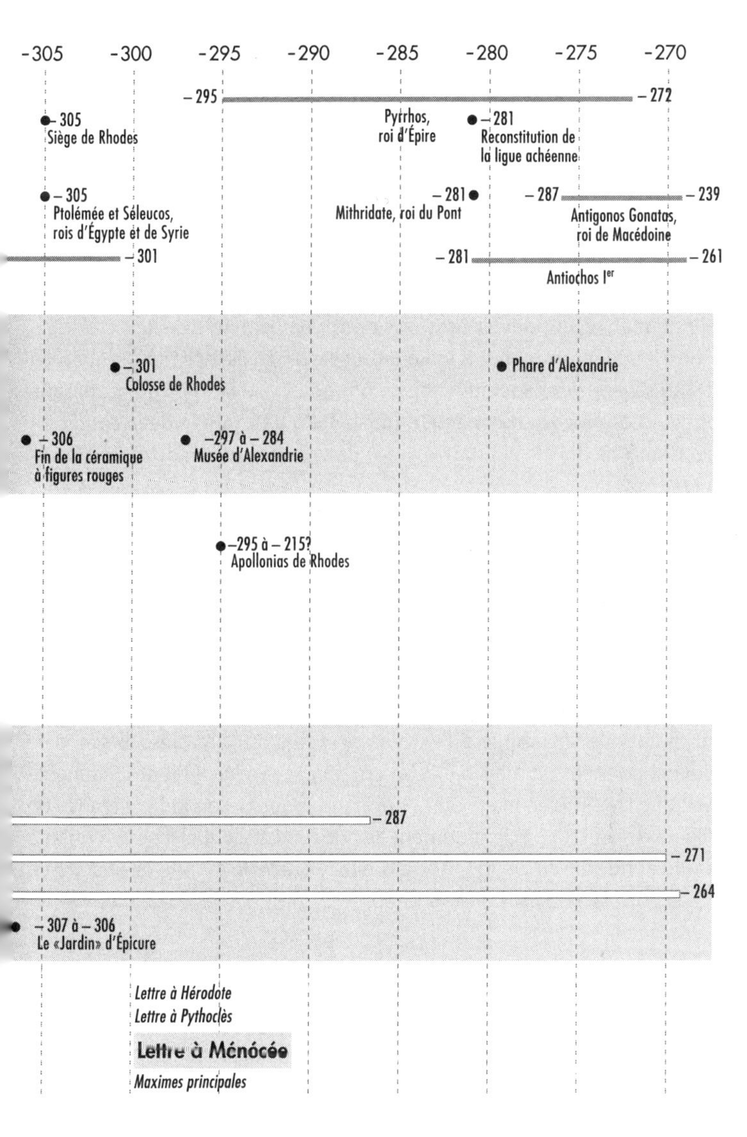

REPÈRES
FICHES
TEXTES ÉCHOS
PROBLÉMATIQUES
OUTILS COMPLÉMENTAIRES

Le contexte philosophique et politique

LE CONTEXTE PHILOSOPHIQUE : LE DÉSARROI DE LA PENSÉE

Pour saisir la pensée d'Épicure, il faut comprendre dans quel contexte intellectuel elle apparaît. Les écoles philosophiques se multiplient et se contredisent, engendrant un profond malaise dans les consciences.

1 • L'enseignement socratique

Socrate s'oppose aux sophistes, qui prétendent détenir une science universelle, tout connaître, et pouvoir tout démontrer par la magie de la rhétorique. Il s'attache à leur démontrer qu'ils croient tout savoir, mais qu'ils ignorent qu'en réalité ils ne savent rien. Socrate choisit comme devise la maxime du temple de Delphes : **« Connais-toi toi-même »**, qui invite à un examen de la condition humaine. L'homme doit se connaître avant de chercher à connaître les choses extérieures.

2 • Les écoles philosophiques

• Mais cette riche vérité donne lieu à deux graves contresens. Les **cyrénaïques**[1] font de l'individu le seul juge de ce qui lui plaît ou lui déplaît, confondant connaissance de soi-même et individualisme forcené, ruinant ainsi la possibilité d'un savoir vrai et d'une unité sociale.

• Les **cyniques**[2], eux, rendent toute entreprise philosophique impossible, ils poussent la critique socratique à l'extrême et jusqu'au sarcasme, le scandale étant souvent pour eux un moyen d'action morale : Diogène feint de chercher le « soi » avec une lanterne en plein jour, et prétend montrer son indépendance de pensée en ne respectant pas le sentiment de pudeur dans lequel il ne voit qu'une oppressante et ridicule convention sociale. Enfin, il raille le monde de Socrate en bornant son univers à l'espace d'un tonneau.

---

1. **Cyrénaïques** : philosophes de l'école de Cyrène, fondée par Aristippe (IVe siècle av. J.-C.). Pour eux, l'unique but de l'action humaine est le plaisir ; *cf.* p. 29.
2. **Cyniques** : philosophes du IVe siècle av. J.-C. Le terme *cynique* signifie « comme un chien ». Mouvement fondé par Antisthène, dont le plus fameux philosophe est Diogène (413-327 av. J.-C.).

3 • L'impossibilité d'une vérité universelle

• Ces deux écoles invitent donc au **repli sur soi-même** et entraînent un divorce entre le sage et la nature, entre le sage et la société. Ils font régner un grand désarroi dans le monde où Épicure est né. Dans cette situation, des **sophistes** comme Protagoras font naître l'idée que « l'homme est la mesure de toute chose[1] », c'est-à-dire que la vérité n'est pas la même pour tous, mais relative à chacun. Dès lors, Thrasymaque ou Calliclès[2], ces sophistes particulièrement honnis par Platon, peuvent bien vanter l'injustice ou la fausse raison du plus fort ; le conflit est une excellente sélection naturelle qui, selon, eux assurera le triomphe du meilleur.

• De tout cela, les **sceptiques**[3] tirent les conséquences : il n'y a finalement pas de mesure du tout. Une vérité relative à chacun revient à l'absence de toute vérité. Donc, en toute rigueur, on ne peut rien affirmer ni rien définir. Il ne reste qu'une solution : l'indifférence devant tout.

LE CONTEXTE POLITIQUE : UNE ÉPOQUE TROUBLÉE

Ce désarroi de la pensée est contemporain d'une grande misère politique. En 338 av. J.-C., Athènes perdait la bataille de Chéronée et du même coup son hégémonie. Après la mort d'Alexandre, en 323 av. J.-C., ses généraux se disputent le pouvoir. Le travail manquait et la cité se montrait incapable d'entreprendre les grands travaux militaires et commerciaux – routes, chantiers navals, etc. – qui avaient fait sa richesse, comme de payer ceux qu'elle employait. On envoyait dans les colonies les individus réduits à vagabonder. On rapporte qu'« ils erraient dans les terres étrangères avec femmes et enfants ; beaucoup s'engageaient comme mercenaires et mouraient en combattant les gens de chez eux ». Le déclin d'Athènes fut si précipité que déjà Aristote pouvait décrire la cité comme « une ville d'esclaves et de maîtres d'hommes libres ».

---

1. Cette idée est développée par le sophiste Protagoras dans le *Théétète* de Platon, 152 a.
2. Thrasimaque : on le retrouve dans *La République* de Platon, I, 336b et *sqq.* ; **Calliclès** : personnage sans doute imaginaire que l'on retrouve dans le *Gorgias* de Platon, 482 c et *sqq.*
3. Sceptiques : si le terme *sceptique* ne signifie tout d'abord que l'examen exempt de préjugé, il devient vite le nom des tenants d'une école philosophique qui s'en tient à un doute indéfini dont on ne peut sortir. Le fondateur le plus important de cette tendance est Pyrrhon (365-275 av. J.-C).

L'auteur : du jeune Épicure à l'épicurisme

LA FORMATION D'ÉPICURE

• Le monde que découvre le jeune Épicure est en ruine. Politiquement aussi bien que philosophiquement, Athènes est désemparée. Or Épicure n'est pas vraiment Athénien. Né en 341 av. J.-C. dans l'île de Samos[1], il reste en contact avec la culture athénienne par son père, maître d'école. C'est un privilège pour son instruction, mais cela indique par ailleurs une origine très pauvre et déclassée, puisque cette fonction était ordinairement remplie par des esclaves spécialisés. Sa mère a pour métier la récitation de prières rituelles, si bien qu'Épicure connaît fort bien les mystères et les misères de la religion populaire.

• En 322 av. J.-C., Épicure séjourne à Athènes, non point comme riche étudiant mais comme exilé – les colons de Samos ayant été chassés de leurs terres – remplissant un devoir militaire. Platon était mort depuis vingt-cinq ans. Aristote, absent, était remplacé par Théophraste, dont Épicure a très certainement connu l'enseignement. Cependant, il restera plus marqué par la leçon matérialiste de Démocrite[2] que par une philosophie officielle dont il semble peu préoccupé.

• Après avoir rejoint sa famille à Colophon, il fonde sa propre école en 310 av. J.-C., à Mytilène puis à Lampsaque, encore loin du centre athénien. Mais les amis dont il s'entoure, parmi lesquels des notables puissants, le convainquent de s'établir à Athènes. Là encore, il ne s'installera pas au centre de l'activité politique et intellectuelle, dans cette agora fréquentée par Socrate, mais se retire en son légendaire « Jardin » (c'est de là que vient l'expression « Jardin d'Épicure », désignant un lieu isolé et agréable où l'on trouve son bonheur). Il l'achète en 306 av. J.-C. et ne le quittera que pour de brefs voyages ; il y termine ses jours en 271 av. J.-C. après une douloureuse et longue agonie due à la maladie de la pierre[3]. Maître et fondateur d'une école, Épicure règle par un testament méticuleux la succession de son enseignement. Son mouvement garde ainsi une étonnante continuité, se perpétuant jusqu'à la fin de la dictature de César (44 av. J.-C.).

---

1. Samos : île de la mer Égée, proche de l'Asie Mineure.

2. Démocrite (460-380 av. J.-C.) : fondateur de l'atomisme, précurseur d'Épicure et de Lucrèce.

3. Maladie de la pierre : maladie des reins (calculs).

L'ÉPICURISME, UNE DOCTRINE APOLITIQUE ?

• Parce qu'il se pratique dans le petit espace du Jardin avec des amis choisis et non dans la cité parmi des hommes de toute sorte, l'épicurisme peut paraître très apolitique. Il constitue bien cependant une réponse à la situation politique de son époque. Platon, déjà, recherchait une solution au marasme athénien, au temps de *La République*. Dans le *Gorgias*, il dénonce en Calliclès l'insoutenable défenseur de l'esclavage et de l'injustice. Seulement, face à la tyrannie croissante et à l'horreur de la cité en proie à la violence, Platon élaborait la noble utopie d'une Atlantide où le Vrai, le Beau et le Bien régneraient sans partage. Mais, quelque trente ans plus tard, le désastre est tel qu'aux yeux d'Épicure la politique platonicienne semble vaine, et donc fausse.

• On a pu dire que l'épicurisme est « une grande réaction contre une foule d'outrages ». Ainsi, la philosophie du plaisir répondrait aux troubles d'une époque, à la propagation du mal, à l'indifférence des nouveaux philosophes. Et en effet le trouble politique pénètre au fond de l'âme, semant une crainte destructrice du plaisir, doublant la misère sociale d'un malheur intellectuel.

• S'il en est ainsi, la philosophie d'Épicure n'est pas une fuite devant la politique, comme certains le croient. Épicure ne se laisse pas emporter par le flux catastrophique d'une histoire politique. D'une certaine manière, il reformule la question politique : qu'est-ce qui est ici en jeu et où situer le juste débat ? Il ne s'agit pas de savoir quelle école philosophique a tort ou raison ni ce qu'est en soi la justice, mais de savoir comment dissiper le trouble dont on souffre.

L'architecture de l'œuvre

La Lettre à Ménécée *est la lettre d'un maître à son disciple. Épicure y résume pour le jeune homme (dont on ne sait rien) les conditions et la méthode permettant de conduire au bonheur.*

§ 1, 2, 3 – Prologue : la philosophie met en évidence les « principes de la vie heureuse »

La connaissance et la mise en pratique de la philosophie d'Épicure sont le moyen pour chacun de « prendre soin de son âme ». On doit donc « faire de la philosophie » à tout âge, puisque c'est tout au long de la vie qu'« il faut rechercher ce qui nous rend heureux ». Épicure prescrit ainsi plusieurs « principes » pour cette recherche.

§ 4, 5 – « Les dieux ne sont pas à craindre »

Les dieux ne sont pas tels que l'imagine « la multitude » à partir de sa propre condition humaine, ce qui la conduit à en faire « les responsables du mal qui advient aux méchants et du bien répandu sur les bons ». Les dieux sont « immortels et bienheureux » ; « rien ne contredit cette immortalité et cette béatitude, autrement dit ce bonheur parfait ». Ils sont indifférents aux maux des êtres humains comme au désordre du monde ; nous n'avons donc pas à les craindre.

§ 6, 7, 8, 9 – « La mort n'est pas à craindre »

- Nous ne pouvons craindre, souffrance ou peine, que ce que nous ressentons, ce que nous vivons. Or, « lorsque nous existons la mort n'est pas là et lorsque la mort est là nous n'existons pas. Donc la mort n'est rien pour ceux qui sont en vie » – pour Épicure, l'âme disparaît aussi avec la mort.

- Le sage ne craint donc pas la mort et il ne craint pas de vivre : il sait que « l'avenir n'est ni tout à fait à nous ni tout à fait hors de nos prises » et s'efforce « de bien vivre et de bien mourir ».

§ 10, 11 – « Le bonheur est le commencement et la fin de la vie heureuse »

- Tous les désirs ne se valent pas : certains sont vains, certains sont naturels, certains sont nécessaires ; tout dépend s'ils « contribuent ou non à la santé du corps et à la sérénité de l'âme ». L'état de bonheur, cette « sensation » qu'on ne « peut rien rechercher de plus pour le bien de l'âme et du corps » est « le bien premier, épousant notre nature ». C'est en fonction de cet objectif qu'il faut choisir ou refuser le désir de tel ou tel plaisir, en évitant celui qui peut créer un « manque » générateur de « douleur et d'angoisse » ou provoquer des « désagréments qui surpassent » ce plaisir.

• Tout plaisir n'est donc pas à rechercher et toute douleur n'est pas à rejeter : « Il faut en juger à chaque fois, en comparant avantages et désavantages, car parfois nous traitons le bien comme un mal, parfois au contraire nous traitons le mal comme un bien. »

§ 12, 13 – « La prudence est le plus grand des biens »

• Puisque le plaisir est « l'absence de douleur dans le corps et de trouble dans l'âme », il faut se défier de tout plaisir dont la satisfaction pourrait être supprimée du fait des « coups de la fortune ». C'est donc « un grand bien de savoir se suffire à soi-même », en étant « content de peu », de « ce qui s'acquiert aisément », c'est-à-dire « tout ce qui est naturel » et qui « porte à la plénitude de la santé ».

• La « prudence » (*Cf.* Glossaire, p.94) est donc, avec la bonté et la justice, une vertu « naturellement liée à une vie heureuse ».

§ 14, 15, 16, 17, 18, 19 – Conclusion : nous ne dépendons ni de la fatalité, ni du hasard, ni du destin

• Ainsi, l'homme qui possède l'ensemble de ces « principes » « voit distinctement à quel point on peut atteindre le comble du bien ». Il n'est pas soumis aux préjugés de la fatalité, du hasard et de la fortune. Il sait que beaucoup dépend de lui-même et qu'« il vaut mieux que la raison prévale devant la fortune plutôt que la fortune devant le raisonnement ».

• Dans le dernier paragraphe, Épicure enjoint Ménécée de pratiquer en toute circonstance ces enseignements, qu'il résume par quatre affirmations : le « quadruple remède » (ou *tétrapharmakon*).

Pourquoi Épicure aujourd'hui ?

On se fait une idée commune de l'épicurisme : c'est la « philosophie du plaisir ». Cette vision simplificatrice d'une des philosophies essentielles de l'Antiquité empêche de chercher à mieux la connaître.

UN PROJET PHILOSOPHIQUE AMBITIEUX ET TRÈS ACTUEL

- Épicure recèle, croyons-nous, bien plus de profondeur et de richesse que ce qu'on lui accorde habituellement. Ses textes méritent d'être lus, ou plutôt goûtés, car il y faut une lenteur toute particulière. N'oublions pas qu'à leur époque on les lisait à haute voix, qu'on les répétait jusqu'à s'en imprégner pour les méditer longuement et les mettre en pratique du mieux possible. Les pages d'Épicure sont étonnamment brèves, d'une concision qui déroutera ceux qui ont coutume de lire vite et en survol. Le **langage simple** du philosophe cache une **pensée profonde** qu'il faut prendre le temps de saisir dans sa richesse.

- Alors, comment lire Épicure ? Il n'emploie pas de concepts abstraits et compliqués, comme le font souvent les philosophes. Pourtant, son projet s'avère très ambitieux, dans sa simplicité même : **supprimer le mal et nous combler de joie**.

- L'auteur cherche et décrit une pratique, un art de vivre. On connaît la formule de Marx : « Jusqu'ici les philosophes ont interprété le monde de différentes façons ; ce qui importe, c'est de le transformer. » Marx a consacré ses premiers travaux à l'épicurisme, précisément dans *La Différence de la philosophie de la nature chez Démocrite et Épicure*.

- C'est parce qu'il a ouvert la voie vers ce type de philosophie concrète, c'est-à-dire destinée à n'être qu'un moment au service d'autre chose, et non un tout valant en soi, que la pensée d'Épicure a été ensuite reprise par de nombreux philosophes. Il voulait un **dépassement de la philosophie au-delà d'elle-même**, dans la réalisation concrète et heureuse de la vie bonne.

- C'est ici que se dégage peut-être l'intérêt le plus grand d'Épicure. S'il est vrai que sa doctrine ne peut se comparer à des doctrines plus complexes et à des pensées riches de toute une histoire, le plaisir cependant, matière et même chair du bonheur, n'est jamais inactuel, il ne peut être englouti par l'histoire. Pour peu qu'on la comprenne, **la pensée du plaisir ne vieillit pas** au gré des époques. Si ses conditions varient, ses principes, ceux-là mêmes que montre Épicure, demeurent.

Chez Merleau-Ponty, Nietzsche ou Freud, philosophes contemporains, on retrouve, se substituant aux vastes et puissants systèmes qui façonnèrent la philosophie, un désir de concret, des apologies du corps et des proclamations du plaisir. Les principes mis en place par Épicure sont donc bien d'actualité. La féconde simplicité de sa pensée doit nous permettre de penser avec cohérence une philosophie du plaisir.

• Épicure peut ainsi, depuis le lointain horizon d'une Grèce quelque peu différente de celle que l'on connaît par Platon et Aristote, nourrir notre réflexion en déployant, au fil de ses écrits, le plaisir de penser.

RELIRE ÉPICURE SANS PRÉJUGÉS

• L'adjectif « épicurien » qualifie habituellement un individu « qui ne songe qu'au plaisir », comme le disent les dictionnaires courants. Dès lors, se comporter en épicurien semble peu compatible avec une certaine idée de la philosophie.

• Les manuels ont longtemps établi une **distinction** nette et pratique **entre les stoïciens et les épicuriens**, qui apparaissent en Grèce au même moment. Les stoïciens sont associés à une morale très austère, tandis que les épicuriens se livreraient à une poétique frivolité. De fait, les ennemis d'Épicure, nombreux et divers, facilitent cette vision en s'appliquant à dépeindre les horreurs perpétrées par les « pourceaux d'Épicure », vautrés dans la débauche. Épicure lui-même, initiateur de cette secte, aurait vécu dans un luxe scandaleux, si avide de nourriture qu'il « vomissait deux fois par jour »...

• Cette diffamation ne résiste pas à la lecture des textes dont Épicure est l'auteur. Sa doctrine ne prône pas le plaisir désordonné, mais un **plaisir qui sait se contenter de peu** : un repas d'orge et d'eau, le comble du luxe consistant en un peu de poisson. Épicure n'est donc pas si différent du stoïcien qu'on le pense. Le stoïcisme et l'épicurisme veulent que l'homme vive en **accord avec la nature**. Une des différences entre la morale d'Épicure et celle des stoïciens réside dans la place que le maître du Jardin donne au plaisir et aux sensations, dont il fait le critère du Vrai et du Bien.

• Les textes d'Épicure méritent donc d'être lus avec attention et sans préjugés, afin de comprendre ce qu'est réellement le plaisir épicurien, et de ne pas trahir la pensée du philosophe.

La fin du trouble

« LES DIEUX NE SONT PAS À CRAINDRE »

1 • Un usage impie du divin

• Si les dieux décident de notre destin à notre insu, à quoi bon la politique, c'est-à-dire la direction de nos destinées par nous-mêmes ? Dans la Grèce antique, les mythes fatalistes furent longtemps un moyen réputé pour annuler toute velléité d'émancipation. Mais on sait aussi qu'Athènes fut ce lieu prodigieux où l'on a assisté à l'abandon des mythes au profit du politique. Les tragédies classiques sont la mise en scène de ce débat entre mythe et politique.

• Ainsi, lorsque Épicure **stigmatise le culte de la fatalité**, auquel de nouveau succombe son époque, il innove moins qu'il ne réactive une force déjà existante. Alors qu'il semble détonner dans l'histoire grecque, Épicure est, ici comme en tant d'autres points, plus grec encore que ses contemporains.

• On doit à l'oncle de Platon, le tyran Critias[1], un vigoureux exposé louant dans la religion le moyen de s'assurer la soumission des foules. Mais Épicure tient qu'un tel usage du divin est à vrai dire impie[2]. En effet, cela réduit le divin à une angoisse menaçante devant laquelle l'individu s'incline, apeuré, sûr de n'être pas le maître de ses destinées, prêt à se soumettre sans regimber à tout pouvoir qui s'autorise de la religion. L'individu se fait alors la proie consentante de l'oppression politique.

2 • Séparer le divin du physique

• À l'époque d'Épicure, l'usage des mythes est tel que, pour les Grecs, les dieux effraient par le biais des « phénomènes célestes » ; les dieux sont foudre, éclair, étoiles, tourbillons et gouffres affreux. De fait, l'**astrothéologie**, croyance en la divinité capricieuse des météores, était alors florissante et c'est pourquoi Épicure ne se lasse jamais d'examiner les phénomènes météorologiques pour les « démystifier ».

• **Démystifier** signifie ici « **assigner les vraies causes** » ; en d'autres termes, remettre les choses à leur place exacte. Si l'on ne voit dans le tonnerre qu'un

1. Critias (450-403 av. J.-C.). Le texte *Critias* se trouve dans *Sisyphe*, un drame satirique.
2. *Cf. supra, Lettre à Ménécée,* § 5, p. 6.

mouvement de particules, on ne pourra plus s'angoisser à l'idée que c'est là un dieu vengeur décidant avec caprice de notre destin. La physique épicurienne, spécialement la météorologie, fait ainsi disparaître les dieux des lieux où ils ne sont pas, tout se passant comme si Épicure purifiait l'univers en **séparant le divin du physique**. Sa philosophie de la nature, que nous n'étudions pas ici mais qui faisait l'objet d'une grande partie de son œuvre très abondante, offre le tableau d'un univers limpide où les dieux ne parlent plus. Épicure traduit ce silence d'une autre façon en utilisant l'image d'une mer calme et ensoleillée. Ce ne sont pas les dieux qui parlent, mais la douceur d'un vent frémissant à la crête des vagues. Pas de signification surabondante mais *charis* : le plaisir du charme. Car le monde épicurien, sans dieux tonnants et foudroyants, ne sépare pas l'homme du monde ; **la nature et l'homme** ne rivalisent plus mais **sont réconciliés**.

3 • Des dieux indifférents à notre condition

On s'étonnera alors qu'Épicure continue d'affirmer que l'existence des dieux est « évidente[1] ». Il s'agit pour lui de cerner les causes du trouble et, si faire se peut, de le dissiper. On peut alors conserver ces dieux, s'ils demeurent en d'autres mondes, indifférents à notre condition. Par ailleurs, il n'y a pas lieu de chercher une preuve de l'inexistence des dieux ; seule importe l'absence de contact entre nous et eux, capricieux dispensateurs de biens et de maux. Ces dieux épicuriens nous hissent à un bonheur auquel parvient le sage, « semblable à un immortel[2] ».

LE HASARD RELÈVE AUSSI DE LA SUPERSTITION

- D'après les croyances populaires de cette époque, les dieux agissaient selon un hasard capricieux devant lequel l'homme est impuissant. Mais, à mieux y regarder, ce hasard revient au même que le pire fatalisme. Si tout n'est réellement que hasard, donc si rien ne dépend d'une cause saisissable, ou si – ce qui revient au même – les dieux décident selon leur pur caprice, on ne saurait rien entreprendre ou espérer puisque le cours de notre vie et du monde échappe encore une fois à nos prises.

---

1. *Cf. supra, Lettre à Ménécée,* § 4, p. 6.
2. *Cf. supra, Lettre à Ménécée,* § 19, p. 12.

• Ainsi, on le voit, **fatalité et hasard aboutissent au même résultat**. Le mal qui en découle, c'est l'**attente craintive** : hasard et fatalité hantent un présent plein d'inquiétude, un avenir inconnu, soucieux d'une mort à la fois haïe parce qu'elle est la fin de la vie et désirée comme la fin des maux dont souffre le présent [1].

• Les premiers mots du « quadruple remède » : « Les dieux ne sont pas à craindre », résument ce qui importe le plus. En effet, la crainte des dieux est la plus néfaste. Se croire soumis au hasard ou à la fatalité est la première **superstition**, peut-être même la source de toutes les autres. Souvent les philosophes condamnent la superstition parce qu'elle est fausseté ; Épicure la rejette parce qu'elle fait le malheur des hommes. En croyant au hasard, on se réduit en somme à l'état de bête peureuse, **inapte à conduire sa destinée**, créant ainsi les conditions d'une misère dont on est soi-même responsable.

LA FORTUNE LIBÉRATRICE

• Une fois libérés du préjugé fataliste, nous voyons que les événements dépendent bien plus de nous que nous ne l'avions cru. Cependant, tout ne dépend pas de nous. Sur ce point, Épicure n'est pas si éloigné des philosophes stoïciens qui fondent leur réflexion morale sur la **différence fondamentale entre « ce qui ne dépend pas de nous »**, contre quoi il serait stupide de lutter, **et « ce qui dépend de nous »**, à partir de quoi nous avons à exercer notre devoir.

• Cependant l'épicurisme sera surtout **sensible à « ce qui dépend de nous »**, domaine en quelque sorte toujours plus vaste que ce qu'une certaine paresse – encline à incriminer le hasard – veut nous faire accroire. De plus, « ce qui dépend de nous » n'est pas seulement cause de devoirs austères mais aussi de jouissances heureuses.

• Si les circonstances viennent limiter notre capacité de prévoir, et donc d'agir, elles ne sont cependant **pas un obstacle à notre liberté**. Elles montrent que notre situation actuelle peut changer et qu'elle aurait pu être différente : autrement dit, cette situation n'est pas nécessaire, au sens où nécessaire veut dire « ce qui est ainsi et ne saurait être autrement ». Le « destin des physiciens » (c'est-à-dire l'ordre immuable, fatal, devant lequel s'inclinent les stoïciens), dont parle la *Lettre à Ménécée* [2], ferait de

---

1. *Cf. supra, Lettre à Ménécée,* § 8, p. 7.
2. *Cf. supra, Lettre à Ménécée,* § 16, p. 11.

notre vie un déroulement inéluctable. De là vient cette vérité, sans doute difficile dans sa simplicité même : la **fortune libère plutôt qu'elle n'asservit**.

• En comprenant cela, nous pouvons éviter un contresens souvent commis à propos d'Épicure. Les commentateurs voient parfois en lui le défenseur d'une « petite » philosophie se réduisant, relativement à la morale, à un bonheur volontiers médiocre, tout juste suffisant pour pallier la misère sociale évoquée plus haut. Il faudrait peut-être même aller jusqu'à dire que les descriptions du bonheur sont rarement convaincantes, qu'elles agacent même parfois. Or Épicure ne décrit pas le bonheur, il ne prétend enfermer personne dans un étroit « jardin » pour l'y vouer à une satisfaction aussi béate que médiocre. Épicure ouvre des perspectives beaucoup plus vastes, où la fortune elle-même vient servir l'immense étendue des plaisirs.

FICHE 4

Du plaisir

LE PLAISIR DANS LA CHAIR

1 • L'impératif du plaisir

• Au même titre que Platon et Aristote, quoique de manière bien différente, Épicure recherche le « **bien vivre** » (*euzein*), présent dans toute la philosophie grecque. Non seulement le « bien vivre » ne saurait être sans un certain plaisir, mais encore – et là est la spécificité épicurienne – il s'accomplit *dans* le plaisir ; bien vivre devient avoir la vie bienheureuse ; la sagesse se fait bonheur.

• Même le plus sévère ennemi du plaisir vise encore le plaisir, mais son erreur consiste à le placer mal, soit ailleurs qu'à sa juste place, soit à côté comme un accessoire. Or, la leçon épicurienne nous apprend que le plaisir est le but mais aussi le centre de la vie.

• Non seulement les actions humaines montrent que l'on aime et recherche le plaisir ; c'est là comme un fait brut que l'on peut affirmer en en faisant l'objet d'une proposition philosophique initiale. Mais, si besoin est, Épicure démontre la nécessité du plaisir par une **déduction** : lorsqu'il est absent, nous le recherchons, nous ne restons pas dans la douleur et l'angoisse. Ainsi, douleur et angoisse prouvent *a contrario* l'impératif du plaisir.

• De plus, **le plaisir doit être ici et maintenant**, dans le présent de notre existence. En manquant cela, nous « différons la joie[1] ». Dire, comme beaucoup le font, que le plaisir viendra ailleurs et plus tard, ce n'est pas une judicieuse économie mais une erreur sur la nature du plaisir. Une telle erreur est cause de souffrance. Qui diffère la joie se contredit : il refuse le plaisir en prétendant au plaisir. Il ne faut donc pas suivre les politiciens qui nous proposent de souffrir aujourd'hui pour jouir demain, non plus que les théologiens qui nous enjoignent de souffrir dans nos corps vivants en attendant la béatitude. Là encore, Épicure démystifie : le plaisir n'est ni dans l'avenir ni au ciel mais dans le corps présent.

---

1. *Cf. infra*, *Sentence 14*, p. 56.

2 • Le point d'ancrage de la morale épicurienne

• Pour nous éloigner du plaisir, certains le peignent comme quelque chose de fort complexe et subtil, événement « céleste » ou « divin » qu'on lit plutôt dans les romans que dans le cours réel de la vie. Or, pour l'épicurisme, le **plaisir** n'est d'abord – mais cela importe beaucoup – qu'**absence de douleur**. Là encore, la douleur est preuve *a contrario* du plaisir, lequel n'est d'ailleurs peut-être pas chronologiquement premier. Dans cette perspective, on peut même dire que la fonction de la douleur est de nous appeler au plaisir[1]. Tout se passe comme si l'expérience première était le trouble, dans la douleur du corps ou l'angoisse de l'esprit.

• Mais dès que douleur et angoisse se sont tues, on trouve réellement et pleinement le plaisir. État tellement simple qu'il s'oublie trop souvent. Et c'est précisément cette **réalité éprouvée du plaisir** qui constitue le point d'ancrage de la morale épicurienne. Cette question – l'absence de douleur est-elle le plaisir ? – fit l'objet d'un rude débat entre les épicuriens et leurs proches opposants, les **cyrénaïques**. Ces derniers défendaient assurément le plaisir mais niaient qu'il puisse résider dans l'absence de douleur. Selon eux, le plaisir se trouve uniquement dans l'excitation incessante, toujours mobile, des sens. On imagine ce qu'implique ce « dérèglement de tous les sens ». À vrai dire, lorsqu'on vilipende les prétendus débordements épicuriens, on décrit les cyrénaïques. Les libertins des XVIIe et XVIIIe siècles français sont plus proches de ces derniers que d'Épicure.

• Le plaisir, simple et réelle absence de douleur, affecte l'âme tout autant que le corps. Là encore, les cyrénaïques avaient beau jeu d'affirmer que les souffrances physiques l'emportent sur celles de l'âme. Ils sont un peu comme des gens installés dans l'aisance qui n'ont d'autre souci que les désagréments de leur corps : matérialisme de privilégiés en somme ; alors qu'Épicure remarque les ravages considérables de certains troubles de l'esprit. Car l'âme égarée par une vaine opinion ne reste pas sans effets sur le corps. Lorsque l'esprit mal éclairé spécule sur la douleur, il s'imagine, coûteuse erreur, qu'elle croîtra indéfiniment ou durera toujours. Par là, une douleur imaginaire vient s'ajouter à la souffrance du corps. Le trouble dans l'âme, nourri par l'ignorance et les préjugés, la fait souffrir et redouble la douleur du corps, double maléfice qu'on ne saurait sous-estimer comme le font les cyrénaïques.

1. *Cf. infra, Sentence* 73, p. 61.

3 • Le rôle de l'imagination

• Devant la maladie, deux attitudes sont possibles : ajouter quelque chose, un remède, ou bien **ôter quelque chose**, par exemple au moyen du jeûne, de la diète. Avec Épicure, la maxime : « On peut supprimer la douleur » signifie qu'il suffit de soustraire un surplus pour retrouver le plaisir. Ce surplus procède le plus souvent de notre imagination. Nous souffrons plus de l'idée que « ça ne va pas s'arrêter » que du mal lui-même. L'imagination augmente donc la peine en projetant dans le futur ce qui n'est qu'un instant dans le corps. Or, dans l'instant, nulle douleur n'est insupportable. Ce que les médecins nomment « douleur exquise » – lors d'une fracture par exemple – est si soudain qu'on n'a pas même le temps de souffrir beaucoup, précisément parce que l'imagination ne s'est pas encore affolée. Ainsi, le corps réduit à lui-même, soustraction faite des effets de l'imagination, « remis à sa place » en quelque sorte, ignore l'insupportable.

• On découvre alors que la nature (l'ensemble des phénomènes explicables), dénuée de chimères émanant de l'âme troublée, est toute plénitude. Elle est elle-même et rien qu'elle-même, sans se contredire dans l'excès. Une nature qui s'excède hors d'elle-même n'est plus une nature. L'**abus** est **hors nature**, voire contre nature. L'antinature n'est jamais que le fait ou l'opinion de l'homme. Par ce biais, Épicure retrouve une notion très grecque de la nature : celle de ***cosmos***, c'est-à-dire d'un monde ordonné, dont on peut rendre raison, harmonieux, agencé selon des proportions justes, mais aussi fragile. Pour Épicure, le point d'ancrage de cette harmonie naturelle n'est pas l'ensemble de l'univers mais bien d'abord le corps de l'individu humain.

LE PLAISIR DANS LES LIMITES DU SIMPLE BESOIN

• Par le corps la nature se contient dans des limites, elle trouve son site. Sans excès, nous retrouvons la plénitude naturelle. Nous jouissons dans l'absence de douleur, nous ne contrevenons pas à la nature, nous coïncidons avec elle en une relation adéquate, nous sommes dans le **vrai**. Et ce vrai n'est pas, comme il le sera dans la science moderne, un ensemble de lois abstraites, il est jouissance. Mais si nous rompons avec la nature, nous perdons le vrai, nous tombons dans l'excès, nous devenons la proie de la souffrance.

• Certains prétendent jouir dans la surabondance de richesses ou le dérèglement des sens. Il n'y a pas lieu de les en blâmer au nom de l'austérité morale mais plutôt de plaindre leur erreur[1]. Jamais d'ailleurs Épicure n'envisage de bannir toute forme de superflu. Si le lecteur considère attentivement tous les fragments relatifs aux besoins, il verra qu'il y est question d'un curieux mouvement consistant à franchir quelque peu des limites pour s'y réenfermer. On pourrait envisager une autre attitude, chère à bien des traditions ascétiques, consistant à restreindre progressivement les limites pour atteindre on ne sait quel minimum qui recouvrirait alors strictement la « nature ».

• Or Épicure semble soucieux de ne pas fixer ces limites. On ne trouve pas chez lui d'estimations quantitatives. Les *Maximes* parlent du « **peu** » **qui suffit et du** « **trop** » **qui nuit**. En revanche, dans sa correspondance, Épicure n'hésite pas à donner les conseils les plus précis, parlant de ses besoins avec exactitude (une fois c'est « un petit pot de fromage », d'autres fois un peu d'orge, etc.), ou de ceux des autres (c'est telle carrière que doit suivre l'un, tel mariage que doit faire l'autre, etc.). Le critère permettant d'assigner la limite ne se trouve pas dans une sorte de quantité exacte prévue par la nature mais plutôt dans la découverte du seuil à partir duquel il y aurait excès, et donc désordre et douleur. Tout se passe comme si l'on ne déterminait pas le besoin à partir de lui-même mais en opérant une soustraction à partir de l'excès naissant. Ce qui, on l'entrevoit déjà, suppose l'exercice d'une réflexion qui permettra à chaque fois de bien choisir. En revanche, c'est à l'évidence une erreur que d'attribuer à Épicure la naïve croyance en un « naturalisme » simple pour lequel les besoins seraient définis une fois pour toutes.

L'HEUREUSE TEMPÉRANCE

• Ne pas tomber dans l'excès, hors des limites, dans la démesure et sa suite de dérèglements et affolements, c'est là ce qui définit la tempérance. Il s'agit de **savoir se modérer**. Cette idée est présente dans toute l'œuvre de Platon, inquiet de voir l'homme capable de désordre. Elle est présente aussi chez Aristote, lorsqu'il expose sa subtile et riche doctrine du « juste milieu », établissant le bien entre excès et insuffisance. Seulement, d'une certaine manière, la tempérance est pensée par Platon et Aristote à partir d'une totalité, universelle ou sociale, dont l'individu dépend. Avec Épicure, c'est du **corps individuel** qu'il s'agit d'abord. On est tempérant pour soi, c'est-à-dire en vue de son plaisir et, à partir de là, nous le verrons, naît la tempérance pour tout le corps social.

---

1. *Cf. infra, Maxime* X, p. 54.

• La tempérance nous place dans les bonnes limites du plaisir, donc, on l'a compris, dans l'absence de douleur. Il se produit alors une mutation : à la jouissance venue de l'absence de douleur se conjugue la jouissance venue de la **variation du plaisir**. Les cyrénaïques avaient raison d'affirmer l'existence de plaisirs « cinétiques », c'est-à-dire en mouvement. Mais on doit distinguer cette variation dynamique du débordement sans plaisir. En somme, les cyrénaïques confondaient les spasmes euphoriques et la sérénité de la réjouissance.

• Le temps, la fortune, l'âge, la surabondance intermittente, bref tout ce qui relève des circonstances, varient les plaisirs, dès lors pareils, sous la plume d'Épicure, aux ondulations scintillantes d'une mer sans remous. De même que l'on ne s'installe pas pour toujours dans les limites, puisqu'il faut sans cesse choisir par la juste réflexion, de même on ne s'installe pas dans le plaisir car la présence du plaisir devient variation du plaisir.

L'usage de la pensée

LE CHOIX DU MEILLEUR PLAISIR

1 • L'intelligence au service du plaisir

• Puisqu'il faut chercher à chaque fois les limites du besoin, le plaisir trouvé ne peut pas être un pur et simple don de la nature : sans cesse il faut un **examen par la pensée**, en vue de choisir le meilleur. Or il apparaît que le corps n'est pas à même de se prononcer seul. Le choix n'est pas une conséquence immédiate du plaisir corporel. Ainsi, il faut un calcul des moyens en vue de la fin qu'est le plaisir. Le résultat de cette opération conduit parfois à refuser un plaisir immédiat en vue d'un plaisir ultérieur et supérieur. Alors que l'animal est tout entier nature, guidé par l'instinct, l'homme use de réflexion pour **trouver la meilleure nature qu'est le plus grand plaisir**. Ainsi, la pensée doit rompre l'immédiateté du plaisir aveugle. Nous sommes loin des « pourceaux d'Épicure » !

• Qu'on ne s'y trompe pas cependant. Il n'y a ici aucune raison de vouer à l'intelligence un culte adorateur. Elle doit rester un moyen au service du plaisir, et non la fin ultime. Par ailleurs, n'oublions pas que c'est le mauvais usage de la pensée – lorsqu'elle se fait la proie des préjugés ou lorsqu'elle imagine des chimères horribles – qui cause les maux que sont la douleur mal supportée et l'angoisse. On comprend ici pourquoi Épicure portait peu d'intérêt aux doctrines philosophiques de son temps. Il ne cherche pas à « savoir pour savoir », comme le voulait Aristote, mais à **savoir en vue de supprimer le trouble**. À l'abri du trouble, l'homme n'aurait que faire de la philosophie, dit Épicure[1]. S'il faut de la philosophie, partout et toujours, c'est que sans philosophie l'homme ne saurait être sans trouble.

2 • Coïncidence du plaisir et de la sagesse

• Remarquons qu'il s'agit là d'un **sens et** d'un **rôle nouveaux pour la philosophie**. En effet, Platon et plus encore Aristote avaient consacré tous leurs efforts à montrer que la philosophie est toute désintéressée. À leurs yeux, on pense certes d'abord en vue de quelque bien, mais le vrai philosophe voit qu'il y a un bien suprême et une absolue dignité dans l'acte même de penser, exempt de toute utilité. « Pensée

---

1. *Cf. infra, Maxime XI*, p. 58.

pensant la pensée » en un « acte pur », écrivait Aristote. À juste titre, Paul Nizan peut écrire : « Un Descartes cherche peut-être moins les conséquences de la vérité que la vérité même. Épicure se préoccupe moins de la vérité que de ses suites. »

• Il convient d'ailleurs de noter que la philosophie – entendez la recherche de la vérité – devient, pour Épicure, plus digne lorsqu'elle se fait *phronêsis*, « prudence », au sens de sagesse pratique[1]. Certains traducteurs ont même lu que la philosophie n'aurait pas du tout de dignité, ce qui est faux ; néanmoins Épicure inverse peut-être les rapports classiques entre sagesse et pratique. Le **vrai** se met **au service du plaisir**, même si chez le sage épicurien plaisir et sagesse coïncideront véritablement.

• Comprenons au demeurant que donner le plaisir comme but de la pensée, ce n'est pas assujettir celle-ci à celui-là. Soumise, la pensée ne saurait en effet discriminer librement le meilleur. **La pensée au service du plaisir doit être indépendante du plaisir**, nul paradoxe en cela. Bien au contraire qui voudrait ne voir en la pensée qu'un moment subsidiaire du plaisir s'interdirait du même coup le plaisir puisqu'il empêcherait le juste choix, lequel seul oriente vers la vie heureuse.

• Penser, c'est donc d'abord savoir **choisir bien**. La sagesse pratique est ainsi calcul des moyens en vue de la fin qu'est le plaisir mais aussi, par nécessité d'indépendance, puissance à rompre le flux du désir s'il s'avère néfaste au meilleur plaisir, comme si la puissance réflexive rompait le plaisir pour le démultiplier.

CONNAÎTRE LA NATURE DES CHOSES

• Or, pour choisir ou refuser, afin d'atteindre un plaisir plus grand, il n'est d'autre moyen que de connaître les choses, c'est-à-dire « la nature des choses », selon l'expression de Lucrèce, c'est-à-dire encore ces causes qui font que ce qui existe est de telle ou telle façon. Épicure a consacré la majeure partie de son œuvre si prolixe à élaborer une physique, une science de la nature. Il fallait en effet trouver les « **causes expliquant ce qui est** » afin, comme on l'a vu, de vaincre les mythes, mais aussi de mettre en œuvre la sagesse pratique.

• Si Épicure dut façonner un système complet de la nature et ne jamais délaisser l'étude, c'est en vue de **mener à terme l'exercice du raisonnement**, sans rien

---

1. *Cf. supra*, *Lettre à Ménécée*, § 13, p. 10.

laisser dans l'ombre. Chez lui, la raison *(logos)* n'est pas donnée par avance, elle n'existe que dans l'exercice que l'on fait par le raisonnement *(logismos)* bien mené. La valeur d'un raisonnement se trouve dans son accomplissement total. Le commencer sans aller jusqu'aux dernières conséquences, c'est ne rien faire, pis : c'est mal faire. Dans cette perspective, rien de plus suspect que le savoir inabouti, à tel point que la science qui ne parvient pas à son terme s'avère peut-être plus terrifiante encore que l'effroi issu des mythes[1]. Loin de lutter contre les affres du préjugé, les demi-savants, les esprits forts teintés d'un peu de culture, ajoutent au trouble, non parce qu'ils sont ignorants, mais parce que leur savoir insuffisant est maléfique.

• Il y a dans l'épicurisme une nécessité et une volonté de totale réalisation, tant dans la plénitude bienheureuse du sage que dans le savoir. C'est comme si sa philosophie devait être la dernière, recherche ultime et non pas quête inachevée de ce qui nous dépasse à jamais.

PENSÉE DU PLAISIR ET PLAISIR DANS LA PENSÉE

• La réflexion, indépendante du plaisir, reste encore un plaisir pour elle-même : en philosophie, le plaisir se ressent au cours même de la recherche[2]. Avec l'épicurisme, le penseur ne sera pas un ascète si l'ascèse est la suspension du plaisir et un mouvement contre soi-même en vue d'un bien qui n'est que futur.

• Avec Épicure, la pensée trouve dans son exercice même la jouissance du plaisir. Il y a là une double jouissance : dans le mouvement de la recherche et dans l'objet découvert par cette recherche. De même que le corps jouit de l'absence de douleur et de la variation du plaisir, de même la pensée se réjouit en dissipant l'angoisse puis en examinant les raisons du plaisir, au point que ce qui terrifiait l'âme (les météores et la mort) devient objet de plaisir, pensée qui a scandalisé beaucoup de lecteurs.

• Ainsi, il existe un plaisir de la pensée, à la fois **plaisir dans l'exercice de la pensée et pensée sur le plaisir**. La pensée du plaisir dépasse du même coup les limites du plaisir corporel. Rappelons-le : le corps jouit du plaisir en s'assignant des

---

1. *Cf. infra, Maxime XII*, p. 58.
2. *Cf. infra, Sentence 27*, p. 56.

limites, ici – dans le corps – et maintenant – dans la situation présente. La pensée conçoit ces limites et, du même coup, entre en rapport avec ce qui excède ces limites. En physique, en cosmologie spécialement, elle admet l'illimité d'un univers que rien ne clôt (contrairement à ce que soutenait la théorie alors dominante). Mais, surtout, la pensée peut concevoir un temps illimité. Dès lors, le penseur se trouve à égalité avec l'incorruptible, autrement dit les dieux.

La question de la mort

LA MORT N'EST PAS À CRAINDRE

• « **La mort n'est rien pour nous**[1]. » Nous gardons ici la traduction qui s'est imposée bien que, sans être fausse, elle soit ambiguë et prête à confusion. Car la mort, à vrai dire, n'est pas « rien » pour nous ; elle représente à tout le moins un problème et dire qu'elle n'est rien, c'est encore trop dire, puisque certains demanderont alors ce que c'est que ce « rien ». Il convient de poser le problème en vue de le résoudre, et même de montrer l'inanité de cette question.

• Tout l'argument, exposé dans la *Lettre à Ménécée* et répété dans nombre de *Maximes*, repose sur une implacable logique de l'exclusion : **ou bien nous, ou bien la mort**. Jamais, pour qui y réfléchit sans préjugés, le rapport ou le contact entre la mort et nous ne se conçoit, ce que résume la formule lapidaire *ouden pros êmas*, qui serait mieux traduite par « il n'y a pas de rapport entre la mort et nous ». Soit : la mort ne nous regarde pas, nous ne sommes jamais face à elle, elle ne nous concerne pas, elle ne nous menace pas comme le prétendent les mythes. En considération du temps, cela signifie que la mort est absente, totalement absente, aussi longtemps que nous sommes, en quelque façon que ce soit – veillant ou rêvant, vigoureux ou grabataires – présents. Elle n'est présente, mais c'est encore mal dire, que lorsque nous ne sommes plus.

• Ainsi, s'imaginer un *moment* de la mort, point de rencontre entre moi et *ma* mort, c'est en toute rigueur une absurdité, même si la conscience naïve peine à se défaire de ce préjugé. Le seul mystère de la mort – et c'est un mystère bien vide – est qu'elle ne se rencontre pas en un événement donné. Si l'on peut dire, c'est un « non-événement ». Je suis mort ou vivant, fût-ce agonisant, mais le moribond n'a pas plus de rapport à la mort que le nouveau-né, et le jeune homme n'a pas moins de rapport à la mort que le centenaire. Notons que la langue grecque, présentant la forme grammaticale « j'ai vécu » ou « j'ai fini de vivre » pour indiquer la mort, occasionne peut-être moins l'erreur que notre « je meurs », Car, à y regarder de près, on n'est jamais « en train de mourir » : la phrase est en fait absurde.

---

1. *Cf. supra, Lettre à Ménécée*, § 6, p. 6.

SUPPRIMER LA QUESTION DE LA MORT

Bien qu'elle soit très connue et facile à exposer, la doctrine épicurienne de la mort est rarement comprise, car beaucoup ont estimé qu'on ne saurait résoudre la grave question de la mort par une proposition de logique. On voudrait que la mort touche le cœur même de l'existence – que ce soit une question « existentielle » faisant de nous des « êtres-pour-la-mort » riches d'angoisse –, si bien que cela surpasserait toute logique et nous hisserait quelque part au-delà de la raison. Mais c'est précisément cela que rejette l'épicurisme. Sa logique se veut plus qu'une élégante démonstration, elle entend bien **supprimer la question de la mort**.

L'INSTRUMENT DE NOTRE LIBERTÉ

Il reste que la démarche épicurienne est tout intellectuelle, très éloignée du sentiment naïf que l'on a devant la mort. Dépasser la naïveté sentimentale grâce à la **rigueur du raisonnement**, sans cesse à réitérer, c'est délaisser l'obscurité terrifiante du préjugé pour la clarté sereine de la pensée juste, « car il ne reste plus rien d'affreux dans la vie quand on a compris que la mort n'a rien d'effrayant[1] ». L'enjeu consiste en ceci que la mort ne doit pas être un mystère dépassant la liberté humaine mais, bien au contraire, l'instrument même de la liberté.

1. *Cf. supra, Lettre à Ménécée,* § 6, p. 6.

Le monde du sage

L'ÂGE DE LA SAGESSE

1 • La vraie douceur de vivre

• Il n'y a pas de sagesse sans bonheur, il n'y a pas de vie heureuse sans sagesse. D'une part, la sagesse réside dans le bonheur et ce serait une erreur que de la rechercher ailleurs. D'autre part, comme le bonheur peut sembler trop peu de chose à qui recherche la vérité, la sagesse épicurienne a été réputée trop modeste et médiocre. Or il n'en est rien. Le sage épicurien est comblé ; il se situe en un sommet que rien ne dépasse et l'on n'y trouve pas trace de la résignation présente chez les stoïciens. Dans la sagesse épicurienne, en effet, se déploie un **plaisir plein et non pas restrictif**. Plus encore : atteignant la sagesse, le philosophe rencontre une surabondance dès lors qu'il a su donner à la souffrance ses étroites limites et au plaisir la vaste étendue de ses frontières. Il ne s'agit pas de se résigner à la modération. La vraie tempérance se dépasse, elle est jouissance d'elle-même. Il y a là comme un paradoxe où l'on risque l'erreur, surtout pour les jeunes gens.

• Le jeune homme « erre au gré de la fortune », non encore rompu à l'art d'assigner les limites, c'est-à-dire de savoir choisir et refuser en connaissance de cause. Ainsi, il n'est pas à même de maîtriser le plaisir pour en jouir pleinement ; il confond l'excitation euphorique et la vie bienheureuse. Au contraire, le philosophe sait jouir de la « douceur de vivre » en ne laissant pas fuir ce qui lui appartient, ou, par la mémoire, ce qui lui a appartenu. En quelque sorte, il ne « s'oublie » pas dans l'errance vaine ou dans le débordement. Lorsque la réflexion est parvenue à son terme, la joie est « égale ». C'est alors que s'accomplit la sagesse bienheureuse, comme par une métamorphose du plaisir.

2 • La sérénité du sage

• Tout d'abord, on l'a vu, le plaisir est absence de douleur, et chez le sage il se fait « **ataraxie** », ainsi que le disent les traductions habituelles. Non seulement le trouble est absent, mais, par la réflexion, on sait se féliciter de la réalité paisible. **Passage** en quelque sorte **de la jouissance à la réjouissance**, joie redoublée. (Le terme grec *ataraxia* renvoie ici encore au vocabulaire maritime : *tarachè* décrit le bouillonnement des flots ; le *a* privatif indique l'absence, mais bien plus encore la beauté et la douceur lorsque la mer n'est pas agitée. Considérant que le terme transposé du grec pouvait être trop étranger au lecteur d'aujourd'hui, nous avons préféré le traduire par « **sérénité** », qui indique bien la **paisible absence de trouble** ; le sens premier relève en fait davantage de la météorologie que de la marine, le terme *serein* qualifiant d'abord « un ciel sans nuages ».)

• La sérénité du sage **transmue les limites du plaisir en surabondance**. Ainsi, curieusement, c'est dans la limite du plaisir que la réjouissance déborde, de sorte que le sage qui sait se contenter du « peu » n'est jamais à court de générosité. L'irréflexion au contraire, ou l'immaturité frivole, tombe sous le coup d'une économie catastrophique dans laquelle l'accumulation des richesses est démultiplication de la pauvreté.

3 • Il n'y a pas d'âge pour philosopher

• Dans ces conditions, il semblerait que la vie bienheureuse, c'est-à-dire la sagesse, n'appartienne qu'au vieillard plein de bon sens. Comprenons néanmoins que l'âge ne recouvre pas ici le vieillissement physiologique. Le vieillard irréfléchi est très éloigné de la sagesse. Par ailleurs, notons que la philosophie épicurienne, avec beaucoup de conséquence, redonne la « douceur de vivre » à une tranche de population qui, lorsque l'on est prisonnier des préjugés relatifs à la souffrance et à la mort, se sous-estime d'ordinaire tout autant qu'elle est sous-estimée par les autres.

• Or jeunesse et vieillesse ne sont point des réalités en soi mais des valeurs relatives l'une à l'autre. L'âge dépend des circonstances, donc de la fortune qu'il n'y a lieu ni de craindre ni de respecter. Par conséquent, le jeune n'a pas à adopter par devoir on ne sait quel comportement « à la jeune ». Parmi les circonstances qui l'affectent figure, défavorable à la sérénité, « l'exigence de la chair[1] ». Mais il trouve sa liberté dans la pensée anticipatrice où, jeune, il philosophe tel l'homme mûr, se libérant ainsi des circonstances afférentes à l'âge ou à l'époque, tandis que s'il est dévoué aux préjugés terrifiants, il s'imagine qu'il est « trop tôt pour philosopher ». Inversement, le vieillard se libère par une pensée remémorante. Victime des mythes, il se morfondrait dans la vaine attente de la mort. Libre grâce à la réflexion, le vieillard réfléchi fera sienne et présente toute la richesse de son passé au point que, tout à l'encontre des vaines opinions antiques et modernes, et malgré les circonstances qui entourent le vieillissement, il approchera mieux le bonheur que l'homme jeune.

---

1. *Cf. infra*, *Sentence 51*, p. 60.

COMMERCE ET MISANTHROPIE

• Nous disions que l'épicurisme est une **réponse à la situation politique de son temps**. Cependant, le sage paraît fort éloigné de la vie sociale. On prête à Épicure la devise « cache ta vie », mais elle est transmise par Plutarque, dans son œuvre contre Épicure... Néanmoins, toute une tradition a façonné, fût-ce par des falsifications flagrantes, l'image d'un sage très misanthrope, haïssant la foule du fond de son jardin solitaire. C'est oublier que le **Jardin** est un **lieu d'intenses échanges sociaux et amicaux** ; c'est oublier qu'Épicure ne laisse pas de pourchasser les préjugés dont la foule est la proie ; c'est enfin oublier quelles sont les conditions de la vie bienheureuse.

• Il est vrai que le sage atteint la sérénité par le **contentement**. Se contenter – c'est-à-dire se suffire et se réjouir –, c'est savoir se satisfaire du « peu » nécessaire pour que disparaisse la douleur. Dans cette perspective, il est clair que si l'économie d'une société doit fonctionner en démultipliant les besoins, l'épicurien montrera fort peu de sens social. On peut même envisager une sorte de condamnation économiste contre l'épicurisme. Car il est vrai que le contentement entraîne une suspension de la dépendance entre les hommes, et l'épicurisme contredit radicalement ceux qui tiennent le commerce pour un trésor de bienfaits civilisateurs.

• Plus encore : d'un certain point de vue, le sage rompt tout commerce avec autrui. L'**autarcie**, suffisance économique, va de pair avec le contentement. Il peut sembler misanthrope de dire que le sage n'a besoin de personne. Mais il n'en est rien : paradoxalement, pour Épicure, fonder les rapports humains sur l'interdépendance du besoin est une forme de misanthropie.

LA JUSTICE

1 • La lecture épicurienne de la justice

• Par l'autarcie, le sage est à l'abri des coups d'autrui ; du fait de son contentement, il ne ressent aucun besoin d'en porter à autrui[1]. Cependant, le refus du conflit et de la dispute vaine donne lieu, chez Épicure, à une réflexion spécifique et d'une originalité parfois déroutante.

• Chez Platon, la justice représentait un idéal moral, indépendant des coutumes. Elle revêtait une valeur universelle que chaque homme trouvait en soi. Or Épicure

1. *Cf. infra, Maxime 1*, p. 61.

propose une lecture du droit bien différente, choquante peut-être, parce qu'elle n'est **pas d'inspiration morale mais uniquement sociale**. Selon Épicure, la justice procède d'une décision par laquelle certains hommes, et non pas tous, s'obligent mutuellement sur la seule question des dommages. Tel est le domaine strictement délimité où la justice s'exerce. Sa mise en œuvre diffère suivant les peuples et les époques. Tout semble donc se réduire à une affaire de lésion à réparer, après avoir défini qui sera dit lésé. Ainsi, la fonction de la justice est d'installer un ordre stable dans une société ; elle ne met pas en jeu la conscience morale individuelle.

• Par ailleurs, Épicure mentionne souvent, à côté des dommages causés, ceux qu'il faut ne pas subir. Il ne faut pas tolérer l'injure ; l'humiliation devant l'injustice n'est pas signe de vertu, comme le croient certains interprètes de la pensée socratique selon laquelle « il vaut mieux subir l'injustice que la commettre ». Épicure rappelle par là l'homme à sa liberté, craignant sans doute que nous n'en fassions jamais assez bon usage, négligeant ainsi le plaisir suprême.

2 • Justice et injustice

• Règlement social, la justice a des conséquences sur la psychologie sociale, si l'on ose dire. S'il est vrai que la justice n'est qu'accord en vue de protéger les conditions du plaisir, il n'y a pas d'injustice non plus. Ceux qui ne sont pas liés par un contrat conclu en connaissance de cause ne sont pas tenus au code de la justice et l'on n'a pas à leur appliquer ce code. C'est dire qu'il n'y a **pas de justice universelle** puisque ceux qui ne sont pas liés par un contrat n'ont ni droit ni devoir. Les épicuriens remarqueront que les animaux ne peuvent, dépourvus qu'ils sont de langage, établir ce code, donc qu'il n'y a pas justice entre eux, mais aussi que nous n'avons pas à être justes envers eux.

• Mais surtout, dire que l'injustice n'existe pas, c'est supprimer toute conscience propre à nous donner des remords. Cela est assurément immoral au sens habituel du terme. Il reste qu'il vaut mieux être juste. Car si nous enfreignons le code de la justice, nous aurons toujours à craindre d'être découverts, et nous vivrons dans la peur. Ce n'est donc **pas la conscience morale qui fait souffrir de l'injustice mais** tout simplement **la peur**.

• Rappelons-le : il n'y a pas à condamner moralement les êtres dissolus, il suffit de les avertir d'une double erreur. D'une part, le débordement contrevient au plaisir que le débauché croit à tort y trouver. D'autre part, le secret qu'imposent les débauches est une source intarissable d'angoisses et le souci qu'il peut avoir à les cacher devant celui qui, ne serait-ce qu'en suivant l'usage, l'en blâmerait, est une source intarissable d'angoisse. Or, nous ne saurions vivre seuls et rien dans Épicure ne donne à penser que nous le devrions. Que la fortune nous place dans telle société ou que notre décision nous situe parmi ceux que nous avons librement choisis, dans tous les cas nous vivons avec autrui.

3 • Justice et plaisir

• Trouver le contentement dans le « peu » ne signifie nullement que le sage garde son plaisir pour soi. La justice est là pour garantir le plaisir dans une vie sociale indispensable à l'humain. Il n'est pas même jusqu'à « l'exigence de la chair » – le désir sexuel – qui n'ait besoin de la vie sociale. Que cette dernière fasse défaut, le désir est tari. C'est donc assurément mal lire Épicure que de lui prêter, encore une fois, un naturalisme naïf. Son propos, derechef politique, vise la bonne vie sociale, c'est-à-dire la vie bienheureuse.

• Par le contentement, nous trouvons en nous-mêmes assez de **sécurité** pour ne rencontrer aucun souci dans nos relations avec autrui. La justice assure cette sécurité en rendant possible l'annulation des conflits, désormais non fatals. On voit souvent dans la sécurité une manière de se protéger contre les autres. On cadenasse sa maison, présupposant donc qu'il faut se méfier d'autrui, et donc que les autres sont méchants, bref la sécurité présuppose la méchanceté des autres. C'est donc un **élément bien peu positif que la sécurité**, on voit mal comment la situer aussi haut que la liberté. Assurément, le sage épicurien vise plus que cette sécurité suspecte. La *Maxime XIV*[1] dit que la vraie sécurité est celle de « tout le monde », celle où je n'ai pas à craindre et à me protéger d'autrui ; ce n'est plus la sécurité peureuse mais l'heureuse confiance en la stabilité de bons rapports.

RÉFORMER OU REFORMER LA SOCIÉTÉ ?

• Comment établir de bonnes relations entre les hommes si les foules sont aliénées, affolées dans les rets de la superstition opprimante ? Faut-il **réformer la société** en apportant les lumières du savoir **ou** faut-il **reformer une petite société** avec ceux qui se sont libérés des mythes ? C'est au fond une question politique cruciale. La réponse épicurienne se trouve dans la **fondation du Jardin**. Considérons à cet égard que

1. *Cf. infra*, p. 59.

l'Antiquité a connu la possibilité de fonder, par les colonies, des sociétés toutes nouvelles, fabuleux projet à la séduction duquel Platon et Aristote succombèrent.

• Par ailleurs, dépourvu des idées à valeur universelle que l'on trouve dans le platonisme, l'épicurisme ne se préoccupe pas directement d'une justice universelle à l'usage de l'humanité entière. Enfin, si retiré du monde qu'il soit, le Jardin épicurien, où se rassemblent des amis pleins de sagesse sereine, tend à se propager par dissémination de groupes épicuriens « encerclant » le monde dans la « danse » de l'amitié[1]. C'est dire qu'il y a **indépendance** – autarcie et contentement – **mais non réclusion, unité mais non totalité fermée**.

• Si l'on examine comment ont pu fonctionner ces sociétés épicuriennes, on ne pourra les assimiler aux communautés chères aux utopistes des XVIIIe et surtout XIXe siècles, sociétés qui furent expérimentées sous diverses modalités au XXe siècle. Les biens ne s'y partageaient pas, l'esclavage n'était pas nécessairement exclu. Épicure lui-même semble avoir régné en maître avec force autoritarisme, prévoyant – ce qui peut choquer – jusqu'au culte à lui rendre dans les générations futures, tant était poussée loin l'identification du sage avec les dieux.

1. *Cf. infra*, *Sentence* 52, p. 63.

De l'amitié

L'AMITIÉ SE SUBSTITUE À LA POLITIQUE

1 • L'amitié des sages

• Avec l'**amitié, bien suprême du sage en société**, la politique se réalise en s'annulant : les rapports humains se régissent d'eux-mêmes sans aucune instance dominante ou unifiante (pas même de démocratie, donc). L'amitié se substitue au politique. Les bienfaits dans le plaisir remplacent l'art de gouverner. Pour comprendre cette étonnante notion d'amitié, si antique et éminemment épicurienne, on pourrait d'abord la définir comme *le rapport libre entre les humains*.

• Par conséquent, ce rapport se situe **au-delà** de l'intérêt, du besoin ou de la passion. Aristote a traité ce thème[1]. De récents travaux ont par ailleurs mis en évidence l'émergence de cette question et ses modifications depuis Homère jusqu'à Épicure, chez lequel l'amitié occupe **la plus haute place**. Au point qu'on est en droit de se demander si la liberté toute désintéressée que recouvre la notion d'amitié n'est pas trop sublime pour être humaine, si cette ultime perfection ne fait pas l'objet plus d'une incantation que d'une pratique réelle. Aristote réservait l'amitié accomplie à de rares « grandes âmes » et en accordait des formes amoindries aux hommes ordinaires.

• L'épicurisme représente la tentative de **lier la plus haute amitié et ses sources quotidiennes**. Au plus bas, il existe une amitié feinte (que l'on feigne devant autrui ou que l'on s'illusionne soi-même). Si, du point de vue de l'intérêt social, elle n'est sans doute pas à rejeter totalement, elle n'est pas encore l'amitié. Mais il existe également une amitié si avide de liens qu'en somme elle dégénère en un trop dense système d'échanges, transformant le libre rapport en commerce où circulent sans cesse dettes et contre-dettes, faisant ainsi déchoir la liberté en une forme de domination ou d'accaparement. Par ailleurs, si l'on craint trop cette déchéance, on risque de sublimer l'amitié au point de rejeter tout contact et, à force d'éviter l'échange, de ne trouver que le vide et l'indifférence.

1. *Cf. Éthique à Nicomaque*, VIII et IX.

2 • Un sentiment respectueux de l'altérité

• Or l'amitié est bien l'accomplissement suprême de la sérénité épicurienne. Il ne suffit pas de *compter* untel parmi ses amis, il faut encore pouvoir *compter sur* lui. L'amitié n'existe qu'en se mettant en œuvre, elle est **acte plutôt que déclaration**. Épicure semble si soucieux qu'on ne confonde pas l'amitié du sage avec une distance vide (une pauvre camaraderie), qu'il va jusqu'à dire qu'il faut « provoquer » les faveurs en faveur de l'amitié.

• On peut alors comprendre que dans l'épicurisme il ne soit pas besoin, comme chez Aristote, de distinguer les amitiés entre égaux et inégaux. Gratuite, ou gracieuse, l'amitié pose ses exigences et déploie son plaisir quel que soit le statut des amis. Il va de soi que les biens, l'âge ou le sexe relèvent des circonstances, ou du besoin (par exemple, dans le rapport entre homme et femme, entre parents et enfants). Ainsi, l'égalité n'est pas toujours nécessaire et l'on peut imaginer que le riche ne donne pas à l'ami pauvre mais exige de recevoir, car il peut arriver que l'amitié requière le cadeau.

• Notre vocabulaire moderne est riche en variations sur les thèmes de l'échange et du partage, comme si cela désignait les meilleurs rapports humains possibles. Or une telle perspective suppose une équivalence, marchande en dernière instance, quelque chose de commun à quoi se rapporter. Mais dans l'amitié épicurienne il n'y a précisément rien de commun à quoi se référer. Autrui demeure en une **« altérité »** irréductible dont aucun « semblable » ne peut donner la commune mesure. Et d'ailleurs les dieux d'Épicure, éloignés en d'autres cieux et tout à fait indifférents à nos destinées, n'offrent pas l'image d'un semblable parfait en qui rejoindre et confondre les différences, comme cela se produira dans le christianisme. De fait, l'amitié épicurienne est préchrétienne, c'est-à-dire **étrangère à l'idée d'universalité** (= « catholicisme » en grec) **des rapports humains**.

TEMPORALITÉ DE L'AMITIÉ

1 • Le commencement de l'amitié

• L'amitié épicurienne est compatible avec une profonde **altérité entre les amis**, alors que l'amour est, suivant *Le Banquet* de Platon, désir d'union (« se réunir et se fondre avec l'objet aimé et ne plus faire qu'un au lieu de deux », lit-on dans ce texte). L'amour engage les différences sexuelles, il est acte, il produit hors de lui. L'amitié, elle aussi, implique l'altérité, mais les gestes d'amitié ne produisent rien, ils sont **gratuits** et se répètent « gracieusement » dans les témoignages d'amitié.

• Mais comment, située de la sorte, à un si haut niveau de liberté, au-delà de l'intérêt et du besoin, l'amitié peut-elle débuter ? Comment un moi peut-il avoir rapport avec un autre, s'il n'y a pas quelque chose de semblable, de commun, à partir de quoi se ressembler et se rassembler (comme le fait la figure du Christ dans le christianisme) ? Cette question du **rapport entre le même** (« moi ») **et l'autre** (« tu ») parcourt à vrai dire toute l'histoire de la philosophie depuis *Le Sophiste* de Platon jusqu'à la philosophie la plus actuelle. Et c'est bien au cœur de cette question que se situe l'épicurisme et à quoi l'amitié donne une réponse possible.

• Or la question du commencement de l'amitié trouve simplement sa réponse dans les « **bienfaits** ». Cela signifie que, s'il est vrai que nous ne sommes pas d'emblée amis, immédiatement aptes à reconnaître et apprécier « l'altérité » d'autrui, les bienfaits, au gré de la fortune, « tissent » peu à peu des liens. Dans ce mouvement, la nature du rapport humain va changer : d'abord services donnés et rendus, les liens deviennent jouissance gracieuse, passant ainsi du commerce à la faveur, de l'échange à la grâce.

• Certes les moralistes, ou aujourd'hui la psychanalyse, auront raison de montrer que le mouvement vers autrui est toujours, si subrepticement ou inconsciemment que cela soit, narcissisme, culpabilité, bref toujours intérêt en quelque façon, si bien que le « penchant », si généreux qu'il soit, ne prouve pas la qualité de l'amitié. L'épicurisme peut admettre cela. En effet, dans ces conditions, l'amitié ne peut jamais devenir un bien acquis pour toujours. L'amitié n'est pas donnée, elle est un événement qui **se réactive constamment**, par ses actes et par les promesses qui s'en dégagent, mais aussi – Épicure y insiste – par la remémoration. C'est dire que **l'amitié s'effectue dans le temps**, elle « prend du temps ». Ce n'est pas là du tout « différer la joie » mais jouir au contraire du temps qu'elle prolonge.

2 • Une surabondance sans fin

• Nous disions que la sérénité, passant de la jouissance à la réjouissance, allait du même coup du contentement à la surabondance de plaisir. Cela vaut aussi pour l'amitié. Affaire de « bienfaits » et de « faveurs », elle est surabondance sans fin. Il s'ensuit que le sage épicurien ne garde pas sa liberté telle une possession privée, il la réalise en l'offrant et en la déployant dans le rapport amical. Dès lors, les relations humaines ne sont plus de besoin, ni même peut-être de communication (si cela signifie, comme c'est le plus souvent le cas, simple et inintéressant échange d'informations) : elles sont plaisirs surabondants et répétés.

• Il va de soi que l'amitié ne se restreint pas à une relation duelle : elle forme la vie bienheureuse des membres du Jardin. Certes leur nombre ne peut excéder la capacité de liens amicaux de chacun, et c'est pourquoi la société épicurienne resta toujours petite.

Conclusion

• La philosophie classique, aux XVIIe et XVIIIe siècles, parlera d'un « invincible désir de bonheur » (Malebranche). N'est-ce pas là encore de l'épicurisme ? Voyons la différence, elle nous permettra de cerner la particularité et l'importance de la pensée épicurienne.

• Cherchant le bonheur, nous ne restons pas en repos, nous agissons, nous sommes « **inquiets** », diront les philosophes classiques. L'**inquiétude** est une vertu à l'origine de grandes entreprises. Elle nous fait franchir les océans à la découverte de contrées et de richesses nouvelles, elle nous fait guerroyer pour accroître notre pouvoir, mais elle nous conduit aussi à sonder les mystères de la nature, à interroger Dieu. Enfin, elle nous entraîne à rechercher l'amour toujours renouvelé, dans la galanterie des salons et les méandres incessants de la « carte du Tendre ». Ainsi l'inquiétude est conquérante, stratège et séductrice.

• Le bonheur épicurien s'éloigne beaucoup de cette générosité militaire et des aventures donjuanesques. Car, chez lui, le plaisir commence par la **suppression de l'inquiétude**. Comprenons bien l'enjeu : nous sommes aux antipodes de l'esprit d'entreprise des temps modernes ; Épicure contredit d'une certaine manière toutes les valeurs de l'Histoire. En ce sens, on pourrait dire que l'épicurisme a été réfuté par l'Histoire, mais on pourrait également dire qu'il est une proposition contre l'Histoire. Celle-ci nous promet toujours le bonheur pour demain ; Épicure nous enjoint de **ne pas « différer la joie »**.

• L'inquiétude nous répand dans le monde, la sérénité borne notre monde aux limites du corps et à l'enclos du Jardin. Cette sérénité peut paraître trop cher payée. Il n'y a pourtant ni mesquinerie ni résignation dans l'idéal épicurien. Épicure affirme avec force la possibilité d'un bonheur authentique et d'une liberté effective dans la société des amis.

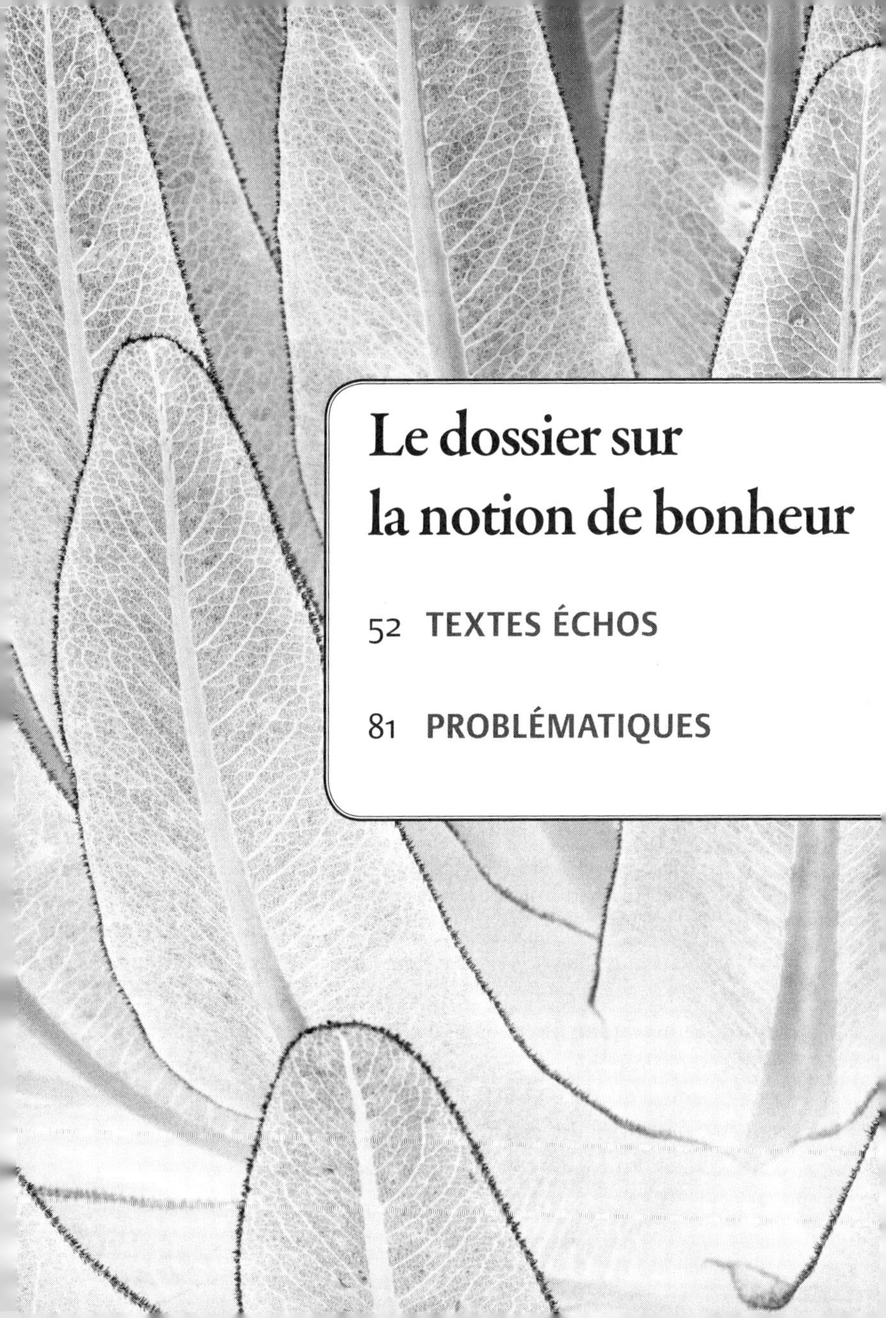

Le dossier sur la notion de bonheur

Introduction générale

Diogène Laërce rapporte qu'Épicure écrivait beaucoup et que l'ensemble de ses écrits réunissait jusqu'à 300 volumes. La quasi-totalité de ces œuvres est perdue, mais Diogène Laërce a conservé deux lettres (*à Hérodote* et *à Pythoclès*), ainsi qu'un certain nombre de *Maximes* et un recueil de 81 *Sentences* qui a été découvert en 1888 dans un manuscrit de la Bibliothèque vaticane. Nous avons donc choisi d'associer à la *Lettre à Ménécée* un choix de ***Maximes*** **et** de ***Sentences*** que nous avons rassemblées par thèmes pour en faciliter la lecture et la compréhension.

Nous avons complété ce petit florilège par un extrait de **Diogène Laërce** (*Vies, doctrines et sentences des philosophes illustres*, traduction R. Grenaille) ainsi que par un fragment du *De rerum natura* (*De la nature des choses,* traduction revue par Paul Nizan), poème en six chants du philosophe et poète latin **Lucrèce**. Celui-ci y revient avec lyrisme sur les données irréligieuses de la doctrine de son prédécesseur. Mais, contrairement à Épicure, Lucrèce, qui tient désormais les dieux pour inutiles, ne veut plus encourager aucune faiblesse ou superstition, ni tolérer le moindre abandon à l'opinion commune : dans le contexte romain, la pensée grecque prend une tournure plus agressive et plus revendicative.

En ce qui concerne la philosophie contemporaine, nous avons choisi d'évoquer l'actualité d'Épicure en rassemblant les commentaires d'auteurs qui lui ont consacré une partie de leurs travaux, comme c'est le cas pour **Jean Salem**, mais aussi de philosophes qui revendiquent une filiation assumée à l'égard de son hédonisme tempéré. C'est ainsi que le philosophe **André Comte-Sponville** nous rappelle que, pour nous comme pour les premiers philosophes, le bonheur reste le but de la philosophie. Le bonheur qui n'est autre que la sagesse, car la marque de la sagesse est le bonheur, autrement dit une forme accomplie de joie de vivre, une sérénité dont aucune forme de bonheur ne peut être dissociée.

TEXTE 1

Épicure, *Maximes et Sentences*, traduction P. Pénisson

Nous avons rassemblé les Maximes et Sentences *par thèmes. Le* M. *renvoie aux* Maximes *et le* S. *aux* Sentences, *chacune suivie du numéro correspondant.*

La fortune et les dieux

La nécessité est un mal, mais vivre avec la nécessité n'est d'aucune nécessité. (*S. 9*)

Qui affirme le règne total de la nécessité ne saurait réfuter celui qui affirme qu'il n'en est rien, puisqu'à ses yeux mêmes cette affir-
5 mation est nécessaire. (*S. 40*)

Fortune, je t'ai dépassée, et j'ai barré tes portes. Nous ne battrons en retraite ni devant toi ni devant d'autres circonstances. Lorsque la fatalité nous expulsera, nous cracherons sur l'existence et sur ceux qui y sont englués, puis nous chanterons magnifiquement la beauté
10 de notre vie passée. (*S. 47*)

Il est futile d'implorer des dieux ce qui dépend de nos propres forces. (*S. 65*)

L'étendue du plaisir

L'abolition de ce qui fait souffrir marque la limite à partir d'où les plaisirs s'étendent. En effet, là où se trouve le plaisir et aussi longtemps qu'il persiste, douleur et tristesse sont absentes. (*M. III*)

La douleur dans notre chair ne s'étend pas dans une durée
5 continue. La douleur la plus aiguë ne dure guère et celle qui ne l'emporte qu'à peine sur les plaisirs dans notre chair ne continue pas au-delà de quelques jours. Quant aux maladies qui se prolongent, elles comportent plus de plaisir que de douleur[1]. (*M. IV*)

---

1. Dans la longue maladie, la douleur n'est jamais constamment à son maximum. Bien plus, sur toute la durée (comme en fait dans toute durée), le plaisir est finalement plus fréquent que la souffrance, quand bien même on ne veut pas se l'avouer.

On ne peut vivre dans le plaisir si l'on n'est pas, indépendamment du plaisir, sensé, bon et juste. Celui qui ne vivrait pas ainsi vivrait sans le plaisir. (*M. V*)

Aucun plaisir n'est en soi un mal. Mais ce qui produit certains plaisirs apporte plus de tracas que de plaisir. (*M. VIII*)

Si tout plaisir gardait l'intensité et la durée dans tout l'agrégat atomique ou bien dans les parties principales de la nature, alors les plaisirs ne se différencieraient plus les uns des autres[1]. (*M. IX*)

Si ce qui fait le plaisir des débauchés dissipait vraiment l'angoisse de leur esprit, surtout pour ce qui touche les phénomènes célestes, la mort et la souffrance, si de plus cela nous apprenait quelles sont les limites du désir, nous ne trouverions rien à y redire, puisqu'ils seraient tout comblés de plaisir, exempts de douleur et d'affliction, en quoi tout le mal consiste. (*M. X*)

Le plaisir dans la chair ne peut grandir après que la douleur venue du besoin est partie : il ne fait que se diversifier. Mais la limite du plaisir de la pensée provient de l'investigation de toutes ces choses précisément et aussi de cela même qui avait tant angoissé[2]. (*M. XVIII*)

Parmi les désirs, certains sont naturels et non nécessaires, d'autres ne sont ni naturels ni nécessaires mais résultent d'une vaine opinion. (*M. XXIX*)

Les désirs naturels qui, non assouvis, ne produisent pas de douleur et qui impliquent une poursuite effrénée résultent d'une vaine opinion. S'ils ne disparaissent pas, cela n'est pas dû à leur nature propre mais à la vanité humaine[3]. (*M. XXX*)

---

1. Dans un corps (composé d'une agrégation d'atomes) ou dans toute la nature, si le plaisir restait toujours le même, cela reviendrait à un seul plaisir identique et immuable (on peut même alors se demander si on pourrait encore parler de plaisir).

2. Il n'y a pas d'accroissement du plaisir au-delà de l'absence de douleur (de sorte que le goût du « luxe », comme supplément dans lequel on trouverait des plaisirs plus grands, relève d'une vaine opinion). Mais la pensée est capable de concevoir au-delà des limites du corps ; il en résulte que les limites du plaisir de la pensée sont moins étroites et que, curieusement, la pensée trouve même du plaisir en considérant les objets terrifiants.

3. Ainsi, rechercher à tout prix de nouvelles nourritures ou de nouvelles aventures amoureuses, c'est bien s'occuper de désirs naturels, mais c'est le faire à partir d'opinions fausses (l'envie de luxe, le souci de plaire).

Le plaisir qui dure éternellement est le même que le plaisir limité, pour autant que ses bornes sont mesurées par le raisonnement[1]. (*M. XIX*)

La chair reçoit les plaisirs comme s'ils étaient sans limites et il faut un temps sans limite pour atteindre ce plaisir. Mais la pensée, déterminant le but et les limites du plaisir, dissipe l'angoisse relative à l'éternité, prépare une vie parfaite, si bien que nous ne recherchons plus le plaisir éternel. Cependant la pensée n'a pas fui le plaisir. Ainsi, lorsque les circonstances font que nous quittons la vie, nous partons sans avoir rien manqué de la vie bienheureuse[2]. (*M. XX*)

Qui considère la vie dans ses limites sait que la douleur venue du manque se supprime aisément. On peut ainsi parachever sa vie, si bien que l'on n'a pas besoin de ce qui suscite le conflit. (*M. XXI*)

Si tu entres en guerre contre toutes les sensations, tu ne sauras même plus sur quoi te fonder pour dire qu'elles sont trompeuses. (*M. XXII*)

Si tu rejettes brusquement une sensation, sans distinguer ce qui aurait besoin d'être confirmé et ce qui existe réellement dans la sensation – les affections et les représentations intuitives de la pensée –, alors tu confondras aussi, à cause de cette fausse opinion, les autres sensations. Dès lors tu auras banni jusqu'au critère à partir d'où juger. Mais si tu t'assures dans la pensée de tout ce qui existe et de ce qu'il fallait confirmer, tu ne laisseras plus l'illusion se développer. Ainsi tu sauras toujours examiner et discriminer le juste et l'injuste. (*M. XXIII*)

On ne doit pas violenter la nature mais la persuader. Cela se fait en assouvissant les désirs nécessaires, également les désirs naturels

---

1. Pour qui pense correctement, le plaisir long ou éternel (paradisiaque) ne présente aucune différence de nature avec le plaisir bref, c'est-à-dire que le plaisir bref est aussi beau qu'un plaisir infini.

2. Quand nous sommes dans l'erreur, nous croyons que les plaisirs du corps peuvent s'augmenter infiniment. Sotte idée qui implique aussi qu'il faudra un temps infini pour avoir l'infinité du plaisir. Telle est l'erreur du libertin.

s'ils ne sont point nuisibles. Il faut soumettre à rude épreuve ceux qui sont nuisibles. (*S. 21*)

À chaque désir demande : qu'arrivera-t-il s'il s'accomplit ? Qu'arrivera-t-il s'il reste inaccompli ? (*S. 71*)

La mort

On peut s'abriter de bien des choses, mais face à la mort nous habitons une cité sans défense. (*S. 31*)

La mort n'est rien pour nous, car ce qui est dissous n'a pas de sensation, or ce qui est privé de sensation n'est rien pour nous. (*M. II*)

5 Qui trouve de bonnes raisons pour sortir de la vie est très dépourvu de grandeur. (*S. 38*)

Soignons le malheur en ayant de la reconnaissance pour les disparus et en voyant qu'on ne peut faire que ce qui a été n'ait pas été. (*S. 55*)

Le temps

Nous ne naquîmes qu'une fois, nous ne pourrons naître de nouveau, nous ne sommes pas pour l'éternité. Or, toi, qui demain ne seras plus, tu diffères la joie. La vie périt de ce retard et nous mourrons dans la prison de nos affairements. (*S. 14*)

5 Certains passent leur vie à s'occuper de ce qu'il y a après la vie ; ils ne comprennent pas que pour nous tous le breuvage de la naissance est potion de mort. (*S. 30*)

N'abîmons pas le présent en désirant ce qui est absent. Considérons que ce présent aussi, nous l'avions désiré. (*S. 35*)

10 Ingrate parole devant les biens en allés : « Vois la fin d'une longue vie ! » (*S. 75*)

Dans toutes les autres occupations le fruit ne se recueille qu'ultérieurement et avec peine. En philosophie, le plaisir est contemporain du savoir. De fait, la jouissance n'y vient pas après
15 la recherche mais plaisir et recherche se produisent de concert. (*S. 27*)

Que sur notre chemin la joie à venir l'emporte sur celle d'avant. Mais arrivés à terme que cette joie soit égale. (*S. 48*)

Des erreurs

Personne ne choisit le mal en le voyant mais, séduit par le bien qu'il y voit, il va vers le mal qui s'y trouve et se prend au piège. (*S. 16*)

Si tu ne rapportes pas à chaque fois tes actes au but de la nature et qu'au contraire tu règles ton choix sur autre chose, alors tes actes iront à l'encontre de tes arguments. (*S. 25*)

Dénuée de vigueur, la nature rencontre le mal et non le bien. Car c'est par les plaisirs qu'elle se fait, par la souffrance elle se défait. (*S. 37*)

Chassons une bonne fois les mauvaises habitudes, pareilles à ces importuns qui depuis longtemps nous nuisent. (*S. 46*)

Le sage, lui, souffre sans avoir à faire souffrir l'ami. (*S. 56*)

La grossièreté de l'âme rend le vivant sans cesse avide de variétés dans son existence. (*S. 69*)

Premier moment du salut : garder la vigueur de la jeunesse et l'abriter des souillures du désir furieux. (*S. 80*)

C'est notre personne même qu'il faut libérer de l'affairement privé ou public. (*S. 58*)

Si donc nous croyons possible qu'un phénomène se produise de telle manière ou de telle autre, le fait de savoir qu'il pourrait se produire de plusieurs autres manières ne nous empêchera pas de jouir de la même sérénité d'âme que dans le premier cas.

Après toutes ces considérations il faut songer que le trouble le plus grave se trouve dans l'âme humaine dès lors qu'on prend les corps célestes pour des bienheureux et des immortels et qu'on leur prête du même coup des actes et des motifs contraires à leur nature[1]. Car on attend ou suspecte, en donnant foi aux légendes, une éternité terrifiante

1. Les Anciens pensaient que les corps célestes (les astres) étaient des êtres doués de volonté.

et l'on va jusqu'à craindre la mort insensible, comme si elle avait quelque rapport avec nous. Et enfin, comme toutes ces affections
30 procèdent non pas d'une pensée philosophique mais d'un sentiment irrationnel, faute de cerner l'erreur, elles sont la proie d'un désordre aussi grand, voire plus grand, que si l'on avait une juste opinion. (*Lettre à Hérodote*, § 80 et 81)

Savoir

Si nous n'étions pas troublés par la crainte des phénomène célestes, par une mort dont on s'imagine qu'elle entretient quelque rapport avec nous, ou par l'ignorance des limites où se tiennent plaisir et douleur, nous n'aurions pas besoin de connaître la nature. (*M. XI*)
5 On ne saurait dissiper le trouble devant les choses les plus importantes si l'on ne connaît pas la nature en son entier et que l'on en reste à des conjectures de l'ordre du mythe. Ainsi, sans la connaissance de la nature on ne pourra jouir de plaisirs sans mélange. (*M. XII*)

Songe que, de nature mortelle et de durée limitée, tu t'es élevé
10 en réfléchissant sur la nature jusqu'à l'immortalité et l'éternité, tu as contemplé à tes pieds : « ce qui est, ce qui sera, ce qui fut ». (*S. 10*)

Il faut avoir bien compris que l'ampleur verbale tend à la même chose que la concision. (*S. 26*)

Connaissant la nature, je préférerais encore être obscur quand j'ex-
15 plique ce qui leur est utile plutôt que de me compromettre avec de vaines opinions qui me couvriraient d'éloges. (*S. 29*)

Celui qui est adoré par l'homme sage agit bien grâce à ceux qui adorent l'homme sage. (*S. 32*)

La justice

L'homme juste est tout exempt de désordre, l'injuste tout agité de désordres. (*M. XVII*)

La justice naturelle est ce qui montre ce qu'il y a d'utile à ne pas se faire de mal et à ne pas le subir. (*M. XXXI*)

Le juste et l'injuste n'existent pas pour les êtres qui n'ont pas pu passer de contrat les engageant à ne pas faire de tort et à n'en pas subir non plus[1]. De même ils n'existent pas pour les groupes d'hommes qui ne pouvaient ou ne voulaient pas s'engager de la sorte. (*M. XXXII*)

La justice n'existe pas en elle-même, elle se produit entre les uns et les autres, quelle que soit l'étendue du territoire, à propos des dommages à ne pas commettre et à ne pas subir[2]. (*M. XXXIII*)

L'injustice n'est pas en elle-même un mal. Le mal consiste en la peur terrifiante de ne pas échapper à ceux dont la fonction est de châtier les coupables. (*M. XXXIV*)

Qui commet secrètement un acte tombant sous le coup des accords relatifs aux dommages à ne pas commettre ou à ne pas subir n'aura jamais la certitude de n'être pas découvert, quand même il y a échappé tant de fois : jusqu'à la mort il ne sera pas sûr de ne pas être pris. (*M. XXXV*)

En général, la justice est la même pour tous, puisqu'elle est utile à la vie en commun. Mais pour tel pays, ou dans telle circonstance déterminante, la même chose ne s'impose pas de la même façon comme juste. (*M. XXXVI*)

Qui aime l'argent sans rester juste est criminel. La justice accompagnée de l'amour de l'argent est laide, car il est malséant d'épargner sordidement, même si la justice le permet. (*S. 43*)

Si la lutte et la richesse établissent jusqu'à un certain point la sécurité parmi les hommes, la meilleure sécurité, celle de tous, se trouve dans la tranquillité et la stabilité. (*M. XIV*)

Puisses-tu ne rien faire dont tu aies lieu de craindre qu'autrui ne vienne à l'apprendre. (*S. 70*)

---

1. Épicure établit ici une distinction entre les hommes et les animaux, qui sont incapables de passer un contrat et ignorent les notions de juste et d'injuste.

2. *Cf.* fiche 7, p. 41-42.

Des mœurs

Nous nous faisons honneur en suivant honnêtement les coutumes qui sont les nôtres. Il faut agir de même à l'égard de nos semblables, pour peu qu'ils aient aussi de l'honnêteté. (*S. 15*)

Ôtés la vue et le commerce de la vie en commun, le désir amoureux est tari. (*S. 18*)

J'apprends que chez toi la chair est plus exigeante. Fais et choisis selon ton vœu, si du moins tu respectes les lois, n'enfreins pas ce que la coutume tient pour honnête, ne peine pas tes proches, n'abîme pas ta chair et ne dissipe le nécessaire.

Or on n'arrive pas à ce choix si un de ces obstacles nous retient : c'est que jamais les plaisirs de l'amour ne font de bien. Il faut être heureux s'ils ne font pas de mal[1]. (*S. 51*)

Personne ne doit être sujet d'envie : les gens de bien ne sauraient nous rendre envieux ; quant aux méchants, plus ils prospèrent, plus ils se nuisent à eux-mêmes. (*S. 53*)

Si les parents s'irritent contre les enfants suivant la règle, il n'y a pas à résister et il ne faut pas quémander le pardon. S'ils le font de manière déraisonnable, il serait ridicule de nourrir la folie par la passion : il faut chercher autrement à les ramener à la bienveillance. (*S. 62*)

L'autarcie

La pauvreté mesurée à l'aune de la nature est grande richesse. La richesse ignorante de la mesure est grande pauvreté. (*S. 25*)

La chair parle : ne pas avoir faim, soif, froid. Cela acquis et assuré pour l'avenir, on peut rechercher la félicité. (*S. 33*)

Le sage, confronté à la nécessité, préfère donner plutôt que recevoir : car il possède un trésor qui est sa capacité à se suffire à lui-même. (*S. 44*)

---

1. Nous sommes loin des libertins ! Mais il n'y a pas là une condamnation de l'amour. Simplement, le désir ne produit pas de plaisir au-delà de lui, même si la difficulté énoncée dans ce passage est que la jeunesse, la plus avide de ce désir, est la moins à même de le maîtriser pour en bien jouir.

Le ventre n'est pas insatiable, comme on le croit souvent. Insatiable est précisément la fausse idée de celui qui croit en l'inassouvissement du ventre. (*S. 59*)

L'approbation d'autrui doit suivre tout naturellement. Occupons-nous nous-mêm ord de notre santé[1]. (*S. 64*)

Rien ne suffira jamais pour qui le suffisant est peu. (*S. 68*)

La manifestation de certaines douleurs est bénéfique pour qu'on sache s'en protéger. (*S. 73*)

La liberté, fruit suprême de l'autarcie. (*S. 77*)

La sérénité

L'être bienheureux et incorruptible n'a pas de soucis et n'en cause pas à autrui. Ainsi il ne manifeste ni colère ni bienveillance, car se mettre dans ces situations c'est faire preuve de faiblesse. (*M. I*)

Nul intérêt à être en sécurité parmi les hommes si par ailleurs nous craignons ce qui est dans le ciel ou sous la terre, et plus généralement dans l'infini. (*M. XIII*)

Chez la plupart le tranquille est engourdi, l'émotion est fureur. (*S. 11*)

La félicité n'appartient point au jeune mais au vieillard qui sut vivre bien. Car le premier, débordant de vigueur, erre au gré de la fortune. Le vieil homme est comme en un port où il ancre solidement ces biens dont jadis il n'était point sûr. (*S. 17*)

Ni la richesse, même immense, ni les honneurs et la considération accordée par la multitude, ni rien d'autre qui dépende de causes sans limite définie, ne sauraient dissiper l'agitation de l'âme et produire la vraie joie. (*S. 81*)

Certains veulent les honneurs et la considération, pensant ainsi être en sûreté contre les autres. Si leur vie est de la sorte protégée, ils

1. Le sage se suffit à lui-même. Il ne dépend pas d'un jugement extérieur. On retrouve aussi cette idée chez Kant dans *Qu'est-ce que les Lumières ?*

20 ont agi conformément au bien de la nature ; s'ils n'ont point la tranquillité, ils n'ont pas eu ce en vue de quoi ils avaient agi conformément à la nature à l'origine. (*M. VII*)

Qui n'est pas agité par lui-même n'est pas importuné par autrui. (*S. 79*)

25 Il faut rire, faire de la philosophie, gouverner sa maison, mettre à profit tout ce que l'on a et que jamais la colère ne nous entraîne lorsque nous philosophons ! (*S. 41*)

Connaître la nature n'est pas le fait des vantards, des beaux parleurs et des esprits forts adulés par la foule, c'est le fait de penseurs 30 intrépides et contents, fiers non pas de ce qui vient de la fortune mais d'eux-mêmes. (*S. 45*)

Ne pas feindre de philosopher, mais faire vraiment de la philosophie[1] : il ne nous faut pas des allures de santé, mais une vraie santé. (*S. 54*)

Si l'on n'y prend garde, la précision elle-même peut avoir le 35 même résultat que la pire confusion. (*S. 63*)

Lors d'une dispute argumentative, le vaincu trouve plus d'avantage, en ceci qu'il s'instruit. (*S. 73*)

Tu as su vieillir en suivant ma parole. Tu as su philosopher et pour toi-même et pour la Grèce : je m'en réjouis avec toi. (*S. 76*)

L'amitié

Parmi tout ce que la sagesse se procure en vue de la félicité d'une vie tout entière, ce qui de beaucoup l'emporte, c'est l'amitié. (*M. XXVII*)

Savoir que rien ne doit angoisser, ni éternellement ni même longtemps, c'est aussi savoir qu'en notre condition précaire l'amitié 5 est la sécurité la plus accomplie. (*M. XXVIII*)

L'homme généreux s'accomplit dans la sagesse et l'amitié qui sont d'une part un bien de la pensée et d'autre part un bien immortel. (*S. 78*)

1. Le vrai sage n'a pas à se conformer à l'image que l'on se fait communément du philosophe.

Toute amitié doit être recherchée pour elle-même ; elle a cependant l'utilité pour origine. (*S. 23*)

Le lien amical n'est pas dans la communion endeuillée mais dans l'attention prévenante. (*S. 66*)

Avec nos amis nous recourons moins à l'amitié qu'à la certitude de ce recours. (*S. 34*)

Ceux qui sont précipités ou trop lents à tisser des liens amicaux sont peu doués d'amitié, car en faveur de l'amitié il faut même oser provoquer les faveurs. (*S. 28*)

Il n'est pas vraiment un ami, celui qui veut sans cesse jouir de l'amitié, ni celui qui ne le veut jamais. Le premier fait trafic de ses bienfaits, le second empêche qu'on espère en l'avenir. (*S. 39*)

L'amitié encercle le monde par sa danse, conviant chacun à la vie bienheureuse. (*S. 52*)

Très belle, la vue de nos proches quand règne l'affinité : c'est vers cela que l'attention prévenante doit tendre. (*S. 61*)

Ils vécurent ensemble une vie très sûre, la plus douce du monde grâce à la confiance, ceux qui, surtout par leurs voisins, gagnèrent la force de la tranquillité. Après l'amitié la plus parfaite, ils n'eurent pas à se lamenter lorsque l'un d'eux terminait ses jours. (*M. XL*)

TEXTE 2

Diogène Laërce, *Vies, doctrines et sentences des philosophes illustres*,
traduction R. Grenaille, © Flammarion, coll. « GF », 1965

« Nous autres Grecs avons donné au monde la philosophie, non seulement la chose, mais même le mot. » L'auteur de ces lignes est Diogène Laërce (IIIe siècle apr. J-C.), philosophe que l'on connaît mal, mais qui représente l'unique source dont nous disposons concernant la vie et les idées de la plupart des philosophes de l'Antiquité. Il n'a écrit que deux ouvrages. Dans le second, le plus connu, Vies, doctrines et sentences des philosophes illustres *(10 livres), dont ce passage est un extrait, il expose la vie et la doctrine des grands penseurs, de Thalès de Milet (VIIe-VIe siècle av. J-C.) à Épicure, en les*

classant par écoles. Il rend ici un hommage vibrant à l'un de ceux qu'il admirait le plus, Épicure.

La conduite du sage[1]

Les blessures causées par les hommes viennent de la haine, de l'envie ou du mépris ; tous maux que le sage domine grâce au raisonnement.

Lorsqu'on est parvenu à la pleine sagesse, on ne peut retourner à
5 l'état contraire ; on a même peine à se le représenter.

Quand bien même les passions l'assaillent, cela n'entrave point sa sagesse. Certes il n'est pas possible d'arriver à la sagesse à partir de certaines conditions physiques, ni dans tous les peuples[2].

Jusque sous la torture le sage reste dans la félicité ; seul le sage
10 est capable de reconnaissance constante et inlassable, s'il s'appuie sur ses amis, qu'ils soient présents ou absents. Mais s'il souffre dans la torture, il gémit et il hurle.

Là où les lois ne le permettent pas, le sage ne prendra point femme (c'est ce que dit Diogène[3] dans *l'Abrégé des pensées morales*
15 *d'Épicure*) ; il ne punira pas les domestiques, au contraire l'homme sensé les prend en pitié et sait pardonner à tel d'entre eux.

Les épicuriens ne pensent pas que l'homme sage puisse subir la passion de l'amour, ni se soucier de sa sépulture. Et la passion ne vient pas des dieux. Et l'épicurien n'a pas à être un beau
20 parleur.

Pour la chair, ils disent que jamais elle ne fait de bien et qu'il faut déjà être content si elle ne fait pas de mal.

Toutefois le sage peut éventuellement prendre femme et procréer, comme le dit Épicure dans les *Cas incertains* et les livres

---

1. Ce passage précède les *Lettres* d'Épicure conservées (ainsi que les *Maximes*) par Diogène Laërce dans son ouvrage.

2. Un trop grave degré de misère physique ou morale cause un tel trouble que l'on ne peut y entamer le mouvement vers la sagesse.

3. Il s'agit de Diogène de Tarse.

25 *Sur la nature*. Mais il se mariera suivant sa situation et au moment opportun. Mais certains sages seront perplexes.

Dans *Le Banquet*, Épicure dit que le sage ne saura se garder de l'ivresse[1]. Et il ne fera pas le politicien, comme il est écrit dans le livre I des *Vies*, il ne fera pas le tyran ni le cynique ni le clochard.
30 Mais, même privé de la vue, il ira portant en lui la vie même de la vie, comme il dit au livre II des *Vies*.

Et le sage peut éprouver du chagrin, comme le dit Diogène dans le cinquième livre des *Épilectes*.

Il pourra soutenir une action en justice.

35 Il pourra laisser des écrits, mais non pas faire des harangues.

Il prendra soin de son bien et de l'avenir. Il peut s'établir à la campagne.

La Fortune, il l'affronte, ce qui lui est vraiment cher n'est pas objet d'acquisition.

Il ne se souciera de la renommée que dans la mesure où cela
40 n'attire pas le mépris.

Son plaisir est plus grand que celui des spectateurs au théâtre.

Il peut dresser des statues. Si cela l'indiffère, deviens indifférent à cela, toi aussi.

Seul le sage sait discuter justement des arts et de la poésie, mais
45 il ne jouera pas lui-même.

Le sage n'est pas plus sage qu'un autre sage.

Il gagne de l'argent, puisque c'est la sagesse qui le met au niveau du besoin.

S'il le faut, il pourra servir un monarque.

50 Il se réjouira si quelqu'un est apte à l'amender. Il aura une école, mais ne drainera pas les foules.

Il lira devant le grand nombre, si toutefois on l'en prie. Il enseigne les principes et non le doute.

Dans son sommeil il est égal à lui-même. Il peut perdre la vie
55 pour défendre l'ami.

---

1. Contre une certaine tradition qui sanctifie le sage, Épicure insiste sur son humanité ; le sage n'est pas à l'abri de l'ivresse.

Selon les épicuriens, les fautes sont inégales.

Pour certains la santé figure parmi les biens, pour les autres c'est indifférent.

Le courage n'est pas spontané, il émane de la réflexion sur ce qui 60 convient. L'amitié naît de l'usage[1]. Mais elle doit avoir commencé auparavant, car de fait nous ensemençons la terre. Mais elle s'accomplit par la communauté, chez ceux qui sont comblés de plaisir.

La félicité se conçoit sous deux formes : la plus haute qui nous met en rapport avec les dieux – elle ne connaît plus d'accroisse-65 ment possibles –, la seconde est faite de l'adjonction et de la suppression de plaisir.

TEXTE 3

Lucrèce, *De la nature des choses*, traduction revue par Paul Nizan, dans *Les Matérialistes de l'Antiquité : Démocrite, Épicure, Lucrèce*

Deux siècles après Épicure, le Latin Lucrèce (98-55 av. J.-C.)[2] s'approprie l'essentiel des idées épicuriennes. Comme Épicure, il adopte un naturalisme fondé sur l'atomisme mais, contrairement à lui, il présente explicitement les dieux comme des chimères, accentuant ainsi la dimension irréligieuse du matérialisme. Les descriptions et analyses du poète sont parfois colorées d'un certain pessimisme, assez éloigné de la philosophie d'Épicure. Lucrèce s'efforce cependant de donner une version plaisante de cette vision du monde en l'enrichissant d'innombrables illustrations, métaphores et allégories. Il entend ainsi « corriger l'amertume de la philosophie par le miel de la poésie », selon sa propre expression.

Éloges d'Épicure
« La religion [...] foulée aux pieds »

Quand la vie humaine était écrasée sur la terre, oppressée par une pesante religion, qui montrait du haut des régions célestes

1. *Cf.* fiche 8, p. 47.

2. Dans les six livres du *De rerum natura (De la nature des choses)*, Lucrèce entreprend un exposé de la philosophie d'Épicure, qu'il vénère. Ce poète latin est le principal continuateur de la pensée épicurienne.

un visage dont l'aspect terrible menaçait l'homme, le premier, un Grec, osa lever contre elle ses yeux mortels et le premier osa contre elle se dresser. Ni les fables des dieux ni la foudre ni les grondements menaçants du ciel ne l'arrêtèrent. Ils ne firent qu'exciter davantage son courage, son désir de forcer le premier les portes étroitement closes de la nature. Ainsi la force vive de son esprit l'emporta, il s'avança au-delà des murailles enflammées du monde, par la pensée et par l'esprit il parcourut l'immense tout, pour nous en rapporter, vainqueur, la connaissance de ce qui peut et de ce qui ne peut pas naître, les lois qui délimitent la puissance de chaque chose suivant des bornes fixes. Ainsi la religion, à son tour foulée aux pieds, est renversée, et la victoire nous égale au ciel. (Livre I, v. 62-79.)

Sérénité

Il est doux, quand sur la grande mer les vents bouleversent les eaux, de contempler de la terre les grandes épreuves d'autrui. Non point que la souffrance de l'homme soit un plaisir, mais parce qu'il est doux de voir à quels maux on échappe soi-même. Il est doux de regarder les grands engagements de la guerre qui se déroulent dans les campagnes, quand on n'a point de part au danger. Mais il n'y a rien de plus doux que de tenir les hauts lieux fortifiés par la science des sages, les séjours pacifiques d'où l'on peut voir errer les hommes qui cherchent à l'aveugle le chemin de la vie, qui rivalisent de génie, de noblesse, qui nuit et jour s'efforcent, par un travail sans égal, d'arriver au sommet de la fortune ou de s'emparer du pouvoir.

Esprits misérables des hommes, cœurs aveugles, dans quelles ténèbres, dans quels périls se passe ce peu de chose qu'est la vie ! Ne sais-tu pas ce que crie la nature ? Qu'elle ne veut pour le corps que l'absence de douleurs, pour l'esprit que le sentiment de bien-être, sans inquiétude et sans angoisse ?

Il faut peu de chose au corps : tout ce qui supprime la douleur peut aussi lui procurer bien des délices. La nature elle même ne réclame

alors rien de plus agréable : s'il n'y a pas dans les maisons des statues
20 dorées de jeunes gens tenant dans leurs mains droites des lampes allumées pour éclairer les orgies de la nuit, si la maison ne brille pas d'argent, n'éclate pas d'or, si les cithares ne font point résonner les salles à lambris et à dorures, c'est assez, étendus entre amis dans l'herbe élastique, au bord d'une eau courante, sous les branches d'un grand
25 arbre, de pouvoir à peu de frais nourrir agréablement nos corps, surtout quand le temps est riant et que la saison couvre de fleurs l'herbe verte. Et les fièvres brûlantes ne quittent pas plus vite un corps couché sur des broderies ou sur la pourpre qu'un corps couché sur une couverture plébéienne. Puisque pour notre corps les trésors ne sont d'aucun
30 secours, ni la naissance, ni la gloire du trône, pour le reste, il faut penser qu'ils ne sont pas plus utiles à l'esprit. Est-ce que par hasard, en voyant tes légions déployer avec ardeur sur le Champ de Mars les imitations de la guerre, soutenues par de nombreuses réserves, une puissante cavalerie, pourvues dans chaque parti des mêmes armes et
35 animées du même courage, et voyant la flotte manœuvrer fiévreusement au large – est-ce que les superstitions effrayées par ces choses s'enfuient, est-ce que les terreurs de la mort quittent ta poitrine, la laissant libre et délivrée de l'angoisse ? (Livre II, v. 1-46.)

« *Vivre de peu* »

Si pourtant on gouvernait sa vie d'après la vraie raison, la grande richesse pour l'homme est de vivre le cœur content de peu : il n'y a jamais disette de ce peu. Mais les hommes se sont voulus célèbres et puissants, afin que leur fortune fût assise sur un solide fondement et
5 qu'ils pussent vivre une vie opulente et tranquille. En vain, car luttant pour arriver au plus haut des honneurs, ils ont encombré de périls le chemin de la vie. Et même au sommet, l'envie les foudroie comme l'éclair et les jette honteusement dans le terrible Tartare[1].

---

1. Tartare : dans la mythologie gréco-romaine, lieu de châtiments des plus grands criminels situé au plus profond des Enfers.

Car l'envie, comme l'éclair, incendie plutôt les hauts lieux et ce qui
10 s'élève au-dessus du commun. Il vaut mieux obéir paisiblement que de vouloir soumettre le monde à son empire et tenir le pouvoir royal. Qu'ils suent leur sueur de sang, qu'ils s'épuisent dans leurs batailles vaines sur le chemin étroit de l'ambition, puisqu'ils n'ont de goût que par la bouche d'autrui et choisissent plutôt par ouï-dire que par
15 leurs propres sensations. (Livre V, v. 1117-1134.)

Le mal

La violence et l'injustice sont comme des filets : d'où qu'elles viennent, elles reviennent toujours sur leur auteur, et il n'est pas facile de mener une vie calme et paisible quand on a violé par ses actes les contrats collectifs de la paix. Même si on échappe aux
5 dieux et aux hommes, on ne doit pas croire que l'acte demeurera éternellement inconnu. (Livre V, v. 1152-1157.)

Les effets du trouble

Il faut chasser et abattre cette peur de l'Achéron[1] qui enfoncée dans l'homme bouleverse sa vie, colore tout du noir de la mort, ne laisse limpide aucun plaisir.

Les hommes disent souvent que les maladies sont plus terribles
5 que la mort, la honte plus terrible que le Tartare ; qu'ils savent que la nature de l'âme est faite de sang, ou de vent, si leur fantaisie les porte, et qu'ils n'ont pas besoin de nos raisons. Mais tu verras que ce sont là propos glorieux de vantards plutôt que conviction réelle. Chassés de leur patrie, bannis loin du regard des hommes, déshonorés par un
10 crime infamant, accablés enfin de tous les malheurs, ils vivent, et partout où leur misère les a menés, ils sacrifient aux morts, ils égorgent des brebis noires, ils font des offrandes aux dieux mânes[2],

---

1. Achéron : fleuve des Enfers.

2. Mânes : âmes des morts, ménagées par toutes les religions anciennes, parce qu'elles les croient redoutables.

l'amertume même du malheur tourne leur esprit à la religion. C'est dans l'incertitude des périls qu'il faut considérer l'homme, dans le malheur qu'il faut savoir qui il est. C'est alors que des paroles authentiques jaillissent de sa poitrine : le masque tombe, la vérité demeure.

Enfin la cupidité, le désir aveugle des honneurs qui contraignent les misérables hommes à franchir les limites du droit, à se faire parfois complices et ministres des crimes, à travailler nuit et jour à arriver au sommet de la fortune, ces blessures de la vie sont presque toujours entretenues par la terreur de la mort. Car le mépris infamant, la poignante pauvreté paraissent éloignés d'une vie douce et stable, et semblent séjourner aux portes de la mort. Alors les hommes contraints par leur fausse terreur veulent fuir loin de ces maux et les écarter loin d'eux, ils enflent leur fortune par des crimes, ils doublent leurs richesses avidement, accumulant meurtre sur meurtre, ils tirent cruellement de la joie des funérailles d'un frère, et la table de leurs parents leur est un objet de haine et d'effroi.

De la même manière, c'est souvent cette même terreur qui fait naître l'envie desséchante : on voit un homme puissant, un homme qui attire les regards et qui marche dans l'éclat des honneurs, on est soi-même dans l'ombre et la boue, on se plaint. Des hommes meurent pour des statues, pour l'honneur du nom. Et souvent même, dans la terreur de la mort, le dégoût de la vie et de la lumière saisit si fort les hommes qu'ils se donnent volontairement la mort par excès de détresse, oubliant que la source des angoisses est cette terreur même, que c'est elle qui persécute la vertu, qui rompt les liens d'amitié, dont les conseils enfin détruisent la piété. Souvent déjà des hommes ont trahi leur patrie et leurs parents en cherchant à échapper aux séjours de l'Achéron. (Livre III, v. 37-88.)

« La mort n'est donc rien pour nous »

La mort n'est donc rien pour nous, elle ne nous concerne point, puisque la nature de l'âme est mortelle. De même que nous n'avons point senti la douleur dans le passé, au temps où les Carthaginois[1] arrivaient de partout pour nous combattre, où le monde, secoué par le tumulte enrayant de la guerre, tremblait d'horreur sous les voûtes profondes de l'éther[2], où les hommes se demandaient à qui reviendrait l'empire de la terre et de la mer, de même, quand nous ne serons plus, quand il y aura eu ce divorce du corps et de l'âme dont l'union fait notre être, alors rien ne pourra plus nous atteindre ou nous émouvoir, nous qui ne serons plus, même si la terre se mêle à la mer et la mer au ciel… Même si le temps rassemblait notre matière après notre mort et la remettait dans le même ordre que maintenant et que nous soient encore une fois données les lumières de la vie, cet événement ne nous touchera nullement, puisque la chaîne de nos souvenirs aura été rompue. Et de même, maintenant, il ne nous importe aucunement de savoir qui nous fûmes ; aucune angoisse ne nous saisit à la pensée de ce moi d'autrefois, car si l'on considère toute l'étendue passée du temps infini, l'infinité des mouvements de la matière, il est facile de croire que ces mêmes éléments dont nous sommes faits ont déjà été rangés plus d'une fois dans le même ordre que maintenant, sans que nous puissions ressaisir dans notre mémoire cet état du passé. Entre-temps, il y a eu suppression de la vie et tous les mouvements se sont égarés au hasard, en dehors des sensations. Il faut, pour que malheur et souffrance atteignent un homme, qu'il soit lui-même vivant au temps où le malheur peut l'atteindre. Puisque la mort détruit cette existence et empêche d'être celui que menaceraient tous ces maux, nous pouvons en conclure qu'il n'y a rien à redouter dans la mort, que celui qui n'est pas ne peut être malheureux et qu'il n'importe point qu'il soit ou non déjà né à un autre moment, puisque cette vie mortelle, une mort immortelle l'a détruite.

Quand tu vois un homme se désespérer en pensant qu'après sa mort son corps abandonné pourrira ou sera dévoré par le feu ou la

1. Évocation de la première guerre punique (264-241 av. J.-C.), durant laquelle les Carthaginois envahissent notamment la Sicile.
2. Éther : fluide très subtil dans lequel baignait l'univers selon les Anciens.

dent des bêtes sauvages, sache que sa voix sonne faux, qu'il y a dans son cœur quelque aiguillon aveugle, malgré son refus de croire qu'un sentiment puisse subsister en lui dans la mort. Je crois qu'il n'accorde pas ce qu'il annonce et ne donne pas ses vraies raisons, il ne se retranche pas, il ne s'arrache pas radicalement de la vie, mais à son insu même, il suppose que quelque chose de lui survit[1]. Quand un vivant se représente son corps déchiré par les oiseaux et les bêtes, c'est sur lui-même qu'il s'apitoie : il ne se sépare, il ne se distingue pas assez de ce corps étendu, il s'imagine debout près de lui, et il lui prête sa sensibilité. Ainsi il s'indigne d'être né mortel, il ne voit pas que dans la véritable mort il n'y aura pas d'autre lui-même qui, toujours vivant, puisse pleurer sa propre perte et, resté debout, gémir de se voir inerte, dévoré ou brûlé... Si la nature parlait soudain et faisait à l'un de nous ces reproches : « Qu'est-ce qui te tient tant à cœur, mortel, pour que tu cèdes à ces plaintes trop amères ? Pourquoi la mort te fait-elle gémir et pleurer ? Car si la vie t'a été bonne, si tous les plaisirs n'ont pas été entassés dans un vase sans fond, s'ils ne sont pas écoulés, s'ils n'ont pas disparu en vain, pourquoi ne quittes-tu pas la vie comme un convive satisfait, pourquoi, pauvre sot, n'accueilles-tu pas sereinement un repos qui ne sera jamais menacé ? Et si les choses dont tu as joui ont passé en vain, si la vie t'est odieuse, pourquoi veux-tu l'allonger d'un temps qui aboutira à son tour à une triste fin et se dissipera tout entier sans profit ? Ne vaut-il pas mieux mettre fin à ta vie et à tes peines ? Je ne veux plus imaginer quelque invention nouvelle pour te plaire : les choses sont éternellement les mêmes.

Si ton corps n'est pas décrépit par les années, si tes membres ont gardé leur force, les choses restent pourtant les mêmes ; si même ta vie triomphait de toutes les générations et, bien plus encore, si tu ne devais jamais mourir[2]. »

1. C'est donc son imagination qui l'égare.

2. La fin de cet extrait reformule cette idée d'une manière plus accessible (*cf.* p. 74).

Que répondre, sinon que la nature nous intente un juste procès et
65 qu'elle plaide la cause de la vérité ?

Toutes les générations qui t'ont précédé sont mortes : celles qui te succéderont mourront. Ainsi les êtres ne cessent jamais de naître les uns des autres, la vie n'est la propriété de personne, elle est l'usufruit[1] de tous. Regarde en arrière : vois quel néant a été pour nous
70 cette antiquité du temps éternel qui précéda notre naissance. Voilà le miroir sur lequel la nature nous montre notre avenir au-delà de la mort. Y voit-on apparaître quelque chose d'horrible ou de désolé, n'est-ce pas un état plus tranquille que tous les sommeils ?

Si les hommes pouvaient, quand ils semblent sentir dans leur
75 cœur un poids dont la lourdeur l'épuise, savoir les causes de ce mal, savoir pourquoi demeure dans leur poitrine un si grand fardeau de malheur, ils ne vivraient pas comme nous les voyons presque tous vivre, ignorant ce qu'ils veulent, cherchant toujours à changer de place comme pour se délivrer d'un fardeau. Voici un homme qui
80 passe sans cesse le seuil de sa grande maison parce qu'il en a soudain dégoût, mais il y revient brusquement parce qu'il ne se sent nullement mieux dehors. Il se précipite, poussant ses chevaux, à sa maison des champs comme s'il courait au secours de son toit incendié ; il s'ennuie dès qu'il en a touché le seuil, ou il tombe lourdement dans
85 un sommeil où il cherche l'oubli, ou il revient en hâte vers la ville. C'est ainsi que chacun se fuit, mais comme il est impossible d'échapper, on reste attaché à ce moi qu'on déteste : le malade ne sait point la cause de sa maladie. Si on la voyait bien, abandonnant tout le reste, on chercherait d'abord à connaître la nature des choses : car
90 c'est du temps éternel qu'il s'agit, et non d'une heure, ce temps éternel où les mortels passeront toute la durée qui reste à courir après la mort.

Faut-il donc tellement trembler devant l'incertitude du danger ? Quel est donc ce grand désir misérable de la vie qui nous y contraint ?

---

1. C'est-à-dire que l'on peut en disposer, mais qu'elle ne se limite pas à nous seulement.

95 La fin de la vie est là, elle est fixée pour les mortels, personne n'échappera à cette comparution devant la mort. Nous tournons dans le même cercle, nous n'en sortirons pas : aucun plaisir nouveau ne naîtra de l'allongement de la vie.

Mais quand ce que nous désirons est loin, il nous semble 100 dépasser tout le reste. Quand nous l'avons atteint, la même soif de la vie nous tient toujours haletants.

Nous ne savons rien du sort que l'avenir nous réserve, des traverses et de la mort qui nous attendent. Et la prolongation de notre vie ne soustrait rien au temps réservé à la mort : nous ne pouvons rien lui 105 enlever pour diminuer la durée de notre néant. Tu pourras enterrer toutes les générations que tu voudras : la mort éternelle t'attendra toujours. L'homme dont la mort date d'hier et celui qui est mort depuis des mois et des années seront aussi longtemps plongés dans le néant. » (Extrait du livre III.)

TEXTE 4

André Comte-Sponville, *Le Bonheur désespérément*, © J'ai lu, coll. « Librio », 2000

On admet en général qu'il est impossible de répondre simplement et brièvement à la question : « Qu'est-ce que la philosophie ? » Non seulement parce que cette discipline ne comporte pas d'objet bien déterminé , mais aussi parce que les définitions de la philosophie sont, non seulement multiples, mais encore parfois contradictoires. Le philosophe français contemporain André Comte-Sponville (né en 1952) nous explique dans le texte suivant pourquoi il plébiscite pour sa part la conception de la philosophie énoncée autrefois par Épicure : « La philosophie est une activité qui, par des discours et des raisonnements, nous procure la vie heureuse. » Cette définition comporte le mérite de souligner sans la moindre hésitation que le bonheur est le but de la philosophie, mais sans omettre pour autant de signaler qu'elle ne peut accomplir cet objectif que par le moyen de « discours et de raisonnements ». La philosophie est donc une pratique discursive – par opposition, par exemple, à la méditation ou bien à des processus d'ordre mystique. Toutefois, son but ne peut être que le bonheur, ou, plus exactement, la sagesse, seule en mesure de nous en indiquer la voie tout en détournant de tous ses faux-semblants.

La vérité, c'est qu'on peut tout à fait répondre à la question « *Qu'est-ce que la philosophie ?* », et même de plusieurs façons différentes – cette pluralité-là étant déjà elle-même philosophique. Pour ma part, disais-je à l'instant, j'ai fait mienne la réponse qu'Épicure
5 donnait à cette question. Elle prend comme il se doit la forme d'une définition : « *La philosophie est une activité qui, par des discours et des raisonnements, nous procure la vie heureuse.* » J'aime tout dans cette définition. J'aime d'abord que la philosophie soit une « activité », *energeia*, et pas seulement un système, une spéculation ou une contemplation.
10 J'aime qu'elle se fasse par « *des discours et des raisonnements* », et non par des visions, des bons sentiments ou des extases. J'aime enfin qu'elle nous procure « *la vie heureuse* », et pas seulement le savoir ni, encore moins, le pouvoir… Ou du moins qu'elle *tende* à nous procurer la vie heureuse. Parce que si j'avais une réserve à faire, et j'en ai une, vis-à-
15 vis de cette belle définition d'Épicure, c'est que je ne suis pas convaincu que nous ayons, nous, les Modernes, les moyens d'assumer le bel optimisme grec, ou la belle confiance grecque. Là où Épicure écrivait que « *la philosophie est une activité qui, par des discours et des raisonnements, nous* procure *la vie heureuse* », je dirais plutôt, plus
20 modestement, « *qui* tend *à nous procurer la vie heureuse* ». À cette réserve près, cette définition, qui date de vingt-trois siècles et qui m'éclaire depuis bientôt trente ans, me convient toujours. Qu'est-ce que la philosophie ? Pour le dire dans des mots qui soient les miens (mais vous verrez que ma définition est décalquée de celle d'Épicure),
25 je répondrai : « *La philosophie est une pratique discursive* (elle procède « par des discours et des raisonnements »), *qui a la vie pour objet, la raison pour moyen, et le bonheur pour but.* » Il s'agit de penser mieux, pour vivre mieux.

Le bonheur est le but de la philosophie. Ou, plus exactement, le
30 but de la philosophie est la sagesse, *donc* le bonheur – puisque, encore une fois, l'une des idées les mieux avérées dans toute la tradition philosophique, et spécialement dans la tradition grecque, c'est que la sagesse se reconnaît au bonheur, ou du moins à un certain type de

bonheur. Parce que si le sage est heureux, ce n'est pas n'importe
35 comment ni à n'importe quel prix. Si la sagesse est un bonheur, ce n'est pas n'importe quel bonheur! Ce n'est pas, par exemple, un bonheur qui serait obtenu à coup de drogues, d'illusions ou de divertissements. Imaginez que nos médecins nous inventent, dans les années qui viennent – certains me disent que c'est déjà fait, mais,
40 rassurez-vous, il y a encore des progrès à attendre –, un nouveau médicament, une espèce d'anxiolytique et d'antidépresseur absolu, qui serait en même temps un tonique et un euphorisant : *la pilule du bonheur*. Une petite pilule bleue, rose ou verte, qu'il suffirait de prendre chaque matin pour se trouver en permanence (sans aucun
45 effet secondaire, sans accoutumance, sans dépendance) dans un état de complet bien-être, de complet bonheur… Je ne dis pas que nous refuserions d'y goûter, ni même parfois, quand la vie est vraiment trop difficile, d'en faire un usage un peu régulier… Mais je dis que nous refuserions de nous en satisfaire, presque tous, et qu'en tout cas
50 nous refuserions d'appeler *sagesse* ce bonheur que nous devrions à un médicament. Et même chose, bien sûr, d'un bonheur qui ne viendrait que d'un système efficace d'illusions, de mensonges ou d'oublis. Parce que le bonheur que nous voulons, le bonheur que les Grecs appelaient sagesse, celui qui est le but de la philosophie, c'est
55 un bonheur qui n'est pas obtenu à coups de drogues, de mensonges, d'illusions, de *divertissement*, au sens pascalien du terme ; c'est un bonheur qui s'obtiendrait dans un certain rapport à la vérité : un vrai bonheur, ou un bonheur vrai.

Qu'est-ce que la sagesse ? C'est le bonheur dans la vérité, ou « la
60 joie qui naît de la vérité ». Cette dernière expression est celle qu'utilise saint Augustin pour définir la *béatitude*, la vie vraiment heureuse, par opposition à nos petits bonheurs, toujours plus ou moins factices ou illusoires. Et je suis sensible au fait que c'est ce même mot de *béatitude* que Spinoza reprendra, bien plus tard, pour désigner le
65 bonheur du sage, celui qui n'est pas la récompense de la vertu mais la vertu elle-même… La *béatitude*, c'est le bonheur du sage, par

opposition aux bonheurs que nous connaissons ordinairement, nous qui ne sommes pas des sages, disons à nos semblants de bonheur, qui sont parfois nourris de drogues ou d'alcools, souvent d'illusions, de divertissements ou de mauvaise foi. Petits mensonges, petits dérivatifs, petites médications, petits remontants… Ne soyons pas trop sévères. On ne peut s'en passer toujours. Mais la sagesse, c'est autre chose. La sagesse, ce serait le bonheur dans la vérité.

La sagesse ? C'est un bonheur vrai, ou une vérité heureuse. Mais n'en faisons pas un absolu. On peut être *plus ou moins* sage, comme on peut être plus ou moins fou. Disons que la sagesse indique une direction : celle du maximum de bonheur dans le maximum de lucidité.

Donc le bonheur est bien le *but* de la philosophie. À quoi ça sert de philosopher ? Cela sert à être heureux, à être *plus* heureux. Mais si le bonheur est le *but* de la philosophie, il n'est pas sa *norme*. Qu'est-ce que j'entends par là ? Le but d'une activité, c'est ce vers quoi elle tend ; sa norme, c'est ce à quoi elle se soumet. Quand je dis que le bonheur est le but de la philosophie mais qu'il n'est pas sa norme, cela veut dire que ce n'est pas parce qu'une idée me rend heureux que je dois la penser – car bien des illusions confortables me rendraient plus facilement heureux que plusieurs vérités désagréables que je connais. Si je dois penser une idée, ce n'est pas parce qu'elle me rend heureux (sans quoi la philosophie ne serait qu'une version sophistiquée, et sophistique, de la méthode Coué : il s'agirait de penser « positif », comme on dit, autrement dit de se raconter des histoires). Non, si je dois penser une idée, c'est *parce qu'elle me paraît vraie*. Le bonheur est le but de la philosophie mais il n'est pas sa norme, parce que la norme de la philosophie c'est la vérité, la vérité au moins possible (on ne la connaît jamais toute, ni absolument, ni avec une totale certitude), ce que j'appellerais volontiers, corrigeant Spinoza par Montaigne, *la norme de l'idée vraie donnée ou possible*. Il s'agit de penser non pas ce qui me rend heureux, mais ce qui me paraît vrai – à charge pour moi d'essayer de trouver, face à cette vérité et fût-elle

100 triste ou angoissante, le maximum de bonheur possible. Le bonheur est le but ; la vérité est le chemin ou la norme. Cela signifie que si le philosophe a le choix entre une vérité et un bonheur – le problème ne se pose pas toujours en ces termes, heureusement, mais il arrive que ce soit le cas –, si le philosophe a le choix entre une vérité et un
105 bonheur, il n'est philosophe, ou digne de l'être, qu'en tant qu'il choisit la vérité. Mieux vaut une vraie tristesse qu'une fausse joie.

TEXTE 5

Jean Salem, *Le Bonheur ou l'Art d'être heureux par gros temps*, © Flammarion, coll. « Champs Essais », 2011, chap. IV

Spécialiste des doctrines matérialistes et de la pensée marxiste, Jean Salem (né en 1952), professeur de philosophie à la Sorbonne, se demande si le bonheur est encore praticable à une époque de grande détresse. Avons-nous seulement le droit de nous poser la question ? Rompant avec l'idéologie du bonheur induite par la société de consommation, il mène sa propre enquête concernant le souverain bien[1] *tel que l'ont conçu les Anciens, et sur le moyen de ne pas le manquer tout à fait en cas d'inquiétude et de catastrophe. Il rappelle ici, à la suite d'Épicure, que, pour être heureux, nous devons savoir opérer un tri parmi nos désirs.*

Parmi les désirs, affirme Épicure, les uns sont naturels, les autres vains et, parmi les désirs naturels, les uns sont nécessaires, les autres naturels seulement. Pour nous préparer à sortir de la vie, comblés comme un vase auquel on ne pourrait plus ajouter la moindre goutte,
5 il faut donc que nous comprenions le *néant* des désirs vains, de ceux qui n'ont pas précisément de but assignable, pas d'objet nettement défini : on peut bien boire jusqu'à plus soif, manger à satiété ; mais on ne pourra jamais être riche à souhait, ou suffisamment glorieux. Les désirs vains, creux, pathogènes, sont les désirs illimités ; on y ressemble
10 à ce nageur dont parle un poème de Rabindranath Tagore[2] : à ce nageur

1. **Souverain bien** : bien supérieur à tous les autres. Chez Épicure, le souverain bien est le bonheur.

2. **Rabindranath Tagore** (1861-1941) : poète indien, dont les œuvres ont eu une grande influence sur la littérature indienne moderne.

qui se lamente, car le lotus qu'il veut s'éloigne en flottant de plus en plus loin sur les vagues soulevées par son propre bras et demeure ainsi toujours hors de son atteinte. La marque des désirs naturels, c'est qu'au contraire ils sont bornés. Il convient donc de distinguer très vigoureu-
15 sement les désirs infinis (qui consistent à vouloir toujours plus), et les désirs conformes à la nature ; encore ces derniers doivent-ils être répartis, poursuit Épicure, en désirs naturels et nécessaires (c'est-à-dire ceux qui, comme par exemple la faim et la soif, provoquent la douleur s'ils sont insatisfaits) et en désirs naturels et non nécessaires (le désir
20 sexuel, notamment). La satisfaction des désirs naturels eux-mêmes – des désirs « nécessaires » comme des désirs « non nécessaires » – peut également être *dénaturée* si l'on se met en tête de varier *à l'infini* cette satisfaction, par de nouvelles recherches culinaires, vestimentaires, architecturales, ou par l'opinion que l'on peut accroître indéfiniment
25 le plaisir en mangeant, en buvant sans fin, en surajoutant au plaisir de l'amour une relation passionnelle, exclusive, dévoratrice, qui nous enchaîne aveuglément à un être unique. Et c'est parce que l'amour est par excellence une passion *insatiable* que le sage épicurien évitera de tomber amoureux. Il préférera cultiver l'amitié, sentiment plus ouvert
30 et moins *débordant*, comportant de la mesure, et généralement susceptible de s'élargir encore à de nouveaux amis.

Écoutons ce que crie la nature : elle ne réclame rien d'autre que, pour le corps, l'absence de douleur et, pour l'esprit, un sentiment de bien-être, dépourvu d'inquiétude et de crainte. « Quelqu'un ayant
35 demandé à Épicure comment il fallait s'y prendre pour devenir riche, celui-ci répondit : ce n'est pas en augmentant les biens, mais en diminuant les besoins. » Le désir modéré, ainsi que l'avait déjà enseigné Démocrite, « rend la pauvreté aussi puissante que la richesse ». Darius, le roi de Perse, rapporte Cicéron dans un passage des *Tusculanes*
40 consacré à la doctrine épicurienne du souverain bien, avait, dans sa déroute, ingurgité de l'eau bourbeuse que des cadavres avaient rendu infecte : « Il déclara qu'il n'avait jamais trouvé breuvage plus agréable. Apparemment, poursuit l'orateur, *il n'avait jamais attendu d'avoir soif*

REPÈRES | FICHES | TEXTES ÉCHOS | PROBLÉMATIQUES | OUTILS COMPLÉMENTAIRES *pour boire.* » Car la poursuite des superfluités que l'opinion tient faussement pour les liens les plus désirables, outre qu'elles nous engagent dans l'illimitation, nous fait oublier le plaisir qui naît de la satisfaction de nos besoins véritablement naturels. Un des grands secrets du bonheur, écrira dans le même sens la marquise du Châtelet, au milieu du XVIIIe siècle, est « de modérer ses désirs et d'aimer les choses qu'on possède ». La nature ne nous offre des désirs que conformément à notre état. « Nous ne désirons naturellement que de proche en proche : un capitaine d'infanterie désire être le colonel, et il n'est point malheureux de ne point commander les armées, quelque talent qu'il se sente. C'est à notre esprit et à nos réflexions à fortifier cette sage sobriété de la nature ; on n'est heureux que par des désirs satisfaits. »

Attention ! Épicure n'a nulle part proposé une classification des *plaisirs,* mais bien une classification des *désirs*. Son éthique n'a rien d'un prêche : il se borne à déconseiller certaines activités, voire la recherche de certains plaisirs, mais en arguant de ce seul fait que ces activités ou plaisirs sont le plus souvent *suivis* de douleurs. *« Tout plaisir,* affirme-t-il, *est un bien : tout plaisir, cependant, ne doit pas être choisi. »*

Peut-on se donner comme règle morale de suivre la nature ?

Comment un être humain pourrait-il « se donner pour règle », c'est-à-dire décider en toute connaissance de cause, de « suivre la nature », autrement dit ce qui, précisément, existe indépendamment de lui et ne relève donc pas de sa volonté ? Une telle orientation ne revient-elle pas à nous proposer comme idéal de vivre « selon la nature », c'est-à-dire comme des animaux ? Ceux-ci suivent leurs instincts, spontanément, et sans en avoir fait le choix. La question posée semblera toutefois moins paradoxale si la « nature » est prise non pas dans le sens d'« inclinations » (ma nature « sauvage ») mais au sens de l'univers dans son ensemble. Ce que les Anciens nommaient le cosmos, *en tant qu'ordre rationnel et autorégulé a pu, et peut peut-être encore, être pris comme modèle et référence pour établir des normes morales.*

UNE APPARENTE CONTRADICTION

Le bon sens nous enseigne que l'homme, pour vivre en société, doit réfréner ses tendances naturelles.

1. Pour vivre humainement, il ne doit suivre ni ses instincts – s'il en a – ni ses pulsions qui, sans contrôle, sont incompatibles avec la vie en communauté.

2. L'homme doit maîtriser ses inclinations, les discipliner, les réfréner, les encadrer afin que la vie en société soit harmonieuse.

3. La prohibition de l'inceste, c'est-à-dire la loi qui interdit la satisfaction de nos toutes premières pulsions, est la base de toute culture. Elle est le propre de l'homme ; la culture lui commande précisément de s'arracher à sa nature.

Conclusion : il paraît exclu de se donner comme règle morale de « suivre la nature », au sens de suivre nos simples inclinations. Cependant la « nature » de l'homme peut lui commander de respecter la Nature.

LA NATURE, UN MODÈLE POUR LES SAGES

« La nature ne fait rien en vain ». Cette formule fameuse d'Aristote exprime bien la conviction des Anciens : dans la nature tout est en ordre.

1. Chaque chose a une place et une raison d'être, chaque élément de la nature répond à une fonction, elle-même ordonnée par l'agencement de la totalité. On dirait aujourd'hui que la nature (la *biosphère*) est un *écosystème* dont tous les éléments concourent à l'équilibre et à la pérennité.

2. Il faut toujours « rapporter ses actes au but de la nature » et ne jamais « régler son choix sur autre chose » (*Maximes et sentences*, p. 57)[1]. La nature, contrairement aux hommes, ne rate pas ses buts. Dans la nature, tout est équilibré, rien n'arrive à contresens. Les accidents sont toujours compensés et neutralisés, à l'instar des variations du climat qui, dans la nature, ne rompent jamais les équilibres écologiques (tant que l'homme ne s'en est pas mêlé !).

3. Le mal est le fait de la condition humaine : la violence, la frustration, la déception sont les sources de nos principales souffrances. Tous ces maux naissent d'un déséquilibre entre nos désirs et l'ordre du monde. Le mal n'est pas « naturel », il résulte des passions humaines qui elles-mêmes procèdent d'une imagination dévoyée.

Conclusion : « On ne doit pas violenter la nature mais la persuader. Cela se fait en assouvissant les désirs nécessaires, ainsi que les désirs naturels, s'ils ne sont point nuisibles. Il faut soumettre à rude épreuve ceux qui sont nuisibles. » (*Maximes et sentences*, p. 55-56.)

LA VRAIE « NATURE » DE L'HOMME : LA RAISON

Suivre la nature, pour un homme, c'est rentrer en soi-même pour rétablir volontairement ce qui constitue notre véritable « nature » : tel est le secret de la sagesse et du bonheur.

1. L'homme se rapproche de l'animal tout en s'en distinguant. L'animal est libre lorsqu'il n'est soumis qu'à son seul instinct. L'homme est libre

---

1. Les numéros de pages renvoient au texte des *Maximes et Sentences* d'Épicure figurant ci-dessus p. 53-63.

lorsqu'il suit des prescriptions rationnelles, c'est-à-dire universalisables. La liberté de l'homme s'exprime dans l'obéissance à une loi dont la nécessité renvoie au modèle de la nature. « Sans la connaissance de la nature, on ne saura jouir de plaisirs sans mélange » (*Maximes et sentences,* p. 58) ; « La justice est la même pour tous puisqu'elle est utile à la vie en commun » (*ibid.*, p. 59).

2. « Tout plaisir en tant que tel est un bien, même s'il ne faut pas rechercher tout plaisir » : il faut décider au cas par cas. « J'apprends que chez toi la chair est exigeante, fais et choisis selon ton vœu, si du moins tu respectes les lois » (*Maximes et sentences*, p. 60).

3. « [...] le bonheur est le commencement et la fin de la vie heureuse » (*Lettre à Ménécée,* 11), et « nous disons que le plaisir est le but de la vie » (*Lettre à Ménécée*, 12). Toutefois : « On ne peut vivre dans le plaisir si l'on n'est pas, indépendamment du plaisir, sensé, bon et juste » (*Maximes et sentences*, p. 54).

Conclusion : On peut se donner comme règle morale de suivre la nature. Mais avec mesure et discernement : tout n'est pas bon dans la nature, tous les plaisirs ne mènent pas au bonheur.

CONCLUSION

Même si la nature n'est pas bonne en elle-même, elle peut être prise pour modèle par les sages : il s'agit de s'inspirer du caractère universel et nécessaire de lois qui valent pour tous et qui assurent l'harmonie de l'univers pris comme un tout.

Quant à la nature de l'homme, elle n'est (moralement) bonne que si l'on décide que la vraie « nature » de l'homme, c'est d'être libre et heureux, ce qui dépend de sa volonté et de son choix : « Ainsi, sans la connaissance de la nature, on ne pourra jouir de plaisirs sans mélange » (*Maximes et sentences*, p. 58).

Une vie heureuse n'est-elle qu'une vie de plaisirs ?

Le langage courant confond allègrement le bonheur et le plaisir. Puisqu'une vie heureuse est une vie agréable, une existence qui parviendrait à enchaîner les plaisirs constituerait donc le comble de la félicité. Cependant, tous les sages nous mettent en garde : c'est le bonheur – et non le plaisir – qui, épousant notre nature, est le bien premier. C'est précisément la raison pour laquelle, paradoxalement, nous ne devons pas rechercher tout plaisir (Lettre à Ménécée, *11).*

LE PLAISIR, COMPOSANTE ESSENTIELLE D'UNE VIE HEUREUSE

L'expérience immédiate paraît à cet égard irréfutable : nous ne pouvons dissocier le bonheur du plaisir. Nous concevrons donc tout naturellement le bonheur comme une sorte de plaisir prolongé, voire ininterrompu.

1. Philosophes et textes sacrés nous confortent dans cette opinion. « Le plaisir est le but de la vie » selon Épicure (*Lettre à Ménécée*, 12), tandis que les croyants, conformément à l'enseignement des trois religions du Livre, espèrent connaître dans l'au-delà une *béatitude* que tous conçoivent comme une succession ininterrompue de plaisirs qui ne s'excluraient pas ni ne se neutraliseraient les uns les autres. Contrairement à ce qui se produit dans la vie réelle.

2. L'homme heureux est celui qui a la chance – le bonheur est largement une question de chance – de connaître un accord entre ses désirs et l'ordre du monde. Son existence n'est certes pas une succession ininterrompue de plaisirs, mais plus raisonnablement une vie partagée entre satisfactions naturelles et plaisirs raisonnablement limités : « Là où se trouve le plaisir, et aussi longtemps qu'il persiste, douleur et tristesse sont absentes » (*Maximes et sentences*, p. 53).

Conclusion : le bonheur dérive du plaisir, repose sur le plaisir. Mais le bonheur n'est pas le plaisir.

VIE HEUREUSE / VIE DE PLAISIRS

Il existe une différence de nature entre bonheur et plaisir, voire une antinomie. Le plaisir est par nature fugitif : il est d'autant plus intense qu'il est bref, voire aléatoire. Le projet de fixer le plaisir est donc voué à l'échec.

1. La recherche effrénée de plaisirs ne peut conduire qu'à la frustration, à l'exaspération et au dégoût. C'est pourquoi « il ne faut pas rechercher tout plaisir » (*Lettre à Ménécée*, 11). Certaines douleurs sont même meilleures que les plaisirs, puisque « le plaisir qui les suit est le plus grand de tous » (*ibid.*). Il ne peut y avoir de continuité dans le plaisir; le bonheur n'est en aucun cas un plaisir indéfiniment prolongé.

2. « Tout plaisir est en tant que tel un bien et cependant il ne faut pas rechercher tout plaisir » (*Lettre à Ménécée*, 11). Rechercher le plaisir à tout prix, chercher à assouvir tous ses désirs quels qu'ils soient ne mène qu'à l'aliénation (devenir esclave de nos propres désirs). La clef du bonheur réside au contraire dans l'aptitude à hiérarchiser nos désirs.

Conclusion: le bonheur implique une disposition intérieure, un état d'esprit, lesquels ne peuvent être acquis que sur la base d'une éthique. « De fait, les vertus se trouvent naturellement liées à la vie heureuse, de même que la vie heureuse ne se sépare point de ces vertus. » (*Lettre à Ménécée*, 13.)

L'ART D'ÊTRE HEUREUX

Le bonheur relève à la fois du hasard et de l'art. Du hasard : il ne nous appartient pas complètement de plier l'ordre du monde à nos désirs. De l'art : au sens d'un mélange de clairvoyance et d'habileté.

1. La vie heureuse ne se mesure pas à la quantité de plaisirs qu'elle peut engranger. Elle se caractérise avant tout par la sérénité, composante essentielle du bonheur. Cet état intérieur de bien-être et de bonheur s'appelle aussi « ataraxie », du grec *ataraxia* qui signifie « absence de trouble » (*cf. Maximes et sentences*, La sérénité, p. 61-62). Il faut apprendre à qualifier nos plaisirs, afin de les hiérarchiser, et même d'en exclure certains.

2. Les plaisirs à privilégier sont ceux qui procurent un épanouissement vital. En revanche, il faut écarter ceux qui, entamant notre sérénité, nous interdisent de jouir du moment présent. Le principal obstacle à cette sérénité est la crainte, celle des dieux et celle de la mort. Pour s'en délivrer, le sage doit se former une idée juste de la nature et se délivrer de toute

superstition (*cf. Maximes et sentences*, La mort, p. 56). Pour ce qui concerne les biens les plus aptes à procurer la félicité, « ce qui de beaucoup l'emporte, c'est l'amitié ».

Conclusion : on ne peut vivre heureux « si l'on n'est pas, indépendamment du plaisir, sensé, bon et juste » (*ibid.*, L'étendue du plaisir, p. 54).

CONCLUSION

Le plaisir ne peut être continu ni sans limite. Seule la pensée, qui détermine la qualité et la finalité des plaisirs, peut préparer une vie, sinon « parfaite », du moins aussi douce et sereine que possible. Mais la pensée ne nous demande en aucun cas de fuir le plaisir. Ainsi, lorsque nous quittons la vie, « nous partons sans avoir rien manqué de la vie bienheureuse ». (*ibid.*, p. 55).

Craindre la mort, est-ce souffrir pour rien ?

Peu de sujets divisent à ce point tous les hommes, y compris les sages et les philosophes. Si l'on croit en l'immortalité de l'âme, ou si seulement on n'en exclut pas l'éventualité, on considérera que la crainte de la mort n'est pas sans conséquence : « Toutes nos actions et nos pensées doivent prendre des routes si différentes, selon qu'il y aura des biens éternels à espérer ou non, qu'il faut avoir perdu tout sentiment pour être dans l'indifférence de savoir ce qu'il en est », écrit Pascal (« De la nécessité du pari », Pensées, *section III). Mais, pour tous les athées, la crainte de la mort est superflue et même nocive. Elle nous interdit la jouissance de la vie sans nous apporter le moindre bénéfice. On peut toutefois se demander si la volonté des plus sages est assez forte pour leur permettre d'évacuer ce motif de souffrance, peut-être inutile mais néanmoins bien difficile à éliminer.*

CRAINDRE LA MORT, MAIS POUR L'APPRIVOISER

Notre premier devoir, du point de vue d'un croyant comme Pascal par exemple, est « de nous éclaircir sur ce sujet, dont dépend toute notre conduite » (*ibid.*).

1. « Il n'y a de bien en cette vie qu'en l'espérance d'une autre vie, [...] on n'est heureux qu'à mesure qu'on s'en rapproche, et [...] comme il n'y aura plus de malheurs pour ceux qui avaient une entière assurance de l'éternité, il n'y a point aussi de bonheur pour ceux qui n'en ont aucune lumière » (*ibid.*) : telles sont les paroles de **Pascal**, pour qui il faut donc craindre la mort si l'on veut avoir une chance de gagner l'éternité.

2. « Que philosopher, c'est apprendre à mourir ». **Montaigne** s'étonne de l'insouciance dont font preuve les hommes à l'égard de la mort : « Ils vont, ils viennent, ils trottent, ils dansent, de mort nulles nouvelles » (*Essais*, I, xx). Pour ne point risquer d'être pris au dépourvu, l'antidote serait alors de soutenir de pied ferme cette ennemie à laquelle nous ne pouvons échapper : « Ôtons-lui l'étrangeté, pratiquons-[la], accoutumons-[la], n'ayons rien si souvent en la tête que la mort » (*ibid.*).

Conclusion : en toute occasion de la vie, parmi les fêtes et les jeux, il conviendrait, selon Montaigne, de « remâcher » la mort sans discontinuer afin « de mieux l'apprivoiser » (*ibid.*). Mais n'est-ce pas là s'éprouver et se torturer pour rien ?

LA MORT N'EST PAS À CRAINDRE

« C'est une même étude que celle de bien vivre et de bien mourir », nous dit Épicure, mais c'est, dans son cas, pour nous mettre en garde contre les vaines terreurs qu'une méditation malsaine sur la mort pourrait nous inspirer.

1. La mort ne nous concerne pas : « Il n'y a de bien et de mal que dans la sensation, et [...] la mort est absence de sensation. » La mort n'a donc « rien d'effrayant. Car si une chose ne nous cause aucune douleur par sa présence, l'inquiétude qui est attachée à son attente est sans fondement. Il faut donc être sot pour dire avoir peur de la mort, non pas parce qu'on souffrira lorsqu'elle arrivera, mais parce qu'on souffre de ce qu'elle doit arriver » (*Lettre à Ménécée,* 6).

2. Quant aux terreurs relatives à la perspective de supplices éternels dans un hypothétique au-delà, elles sont le produit d'une imagination torturée par le souvenir de ses souffrances ou de ses méfaits, et qui craint même qu'ils ne s'aggravent dans la mort. En vérité, les châtiments suprêmes, c'est dans l'enfer des passions humaines qu'ils se trouvent : « C'est ici-bas que la vie des insensés devient un véritable enfer » (Lucrèce, *De la nature des choses,* chant III, v. 1023)

Conclusion : le temps qui a précédé la naissance nous offre comme « un miroir » de ce que nous réserve l'avenir après la mort. Or nous n'y trouvons la matière d'aucune angoisse (*cf. supra*, Lucrèce, *ibid.*, p. 73).

ACCEPTER LA FINITUDE, OUBLIER L'IMMORTALITÉ

Dans la pleine conscience de notre finitude réside un ingrédient décisif du bonheur humain.

1. Une fausse philosophie nous promettra un bonheur éternel et nous bercera de belles chimères mais elle n'entretient cette illusion qu'aux dépens de nos jours et de nos plaisirs, alors que « la vraie [philosophie], bien différente et plus sage, n'admet qu'une félicité temporelle, elle sème

les roses et les fleurs sur nos pas, et nous apprend à les cueillir » (La Mettrie, *Anti-Sénèque ou Discours sur le bonheur*, 1748).

2. Une **sagesse matérialiste**, c'est-à-dire une sagesse qui écarte les mythes et les dieux, accorde une place éminente à la prise en considération des limites qui constituent la condition humaine. La vie ne serait d'aucun prix si elle ne se détachait sur le fond obscur de la mort. C'est grâce à elle que « ce petit bout de vie, quelquefois, l'espace d'une heure, brûle d'une flamme si belle » (Hermann Hesse, *Le Loup des steppes*, 1927).

Conclusion : la philosophie nous enseigne qu'il est possible d'achever notre course « le cœur content et rassasié de tout » (Lucrèce, *De la nature,* III). Quant à la peur de la mort qui étreint sans répit le vulgaire, c'est elle qui rend l'insensé incapable de demeurer en repos. Au contraire, la nature est école de sagesse et de satiété.

CONCLUSION

Méditer sur la façon de bien vivre et méditer sur la façon de bien mourir sont la même chose : c'est seulement si l'on considère avec justesse que la mort n'est rien pour nous que l'on pourra jouir pleinement de notre vie mortelle. Craindre la mort, c'est donc bien souffrir pour rien.

Glossaire

Nous réunissons ici quelques notions dont les définitions sont inspirées par la *Lettre* à *Ménécée* ainsi que par les *Maximes et Sentences* d'Épicure.

Affection

Mouvement de la sensibilité, c'est-à-dire tout changement d'état provoqué par une cause extérieure. L'affection est l'un des trois critères de la vérité ; les deux autres sont la sensation et l'anticipation. Il existe deux affections : le plaisir et la douleur mais, pour Épicure, seul le premier est conforme à la nature. Elles permettent de déterminer les choix des hommes.

Amitié

Relation étroite et active entre deux (ou plusieurs) personnes, fondée sur l'inclination.
L'amitié est le plus grand bonheur de notre vie. Le sage vit à l'écart du monde et de la politique avec des amis, sages comme lui, qui peuvent le comprendre et avec lesquels il peut avoir des échanges. L'amitié lui donne confiance en l'avenir.

Angoisse

L'angoisse est le résultat d'une mauvaise représentation des choses et de l'avenir, c'est-à-dire du préjugé. C'est une agitation, comme une mer tumultueuse. C'est l'état le moins plaisant et le moins philosophique.

Autarcie

L'autarcie est la capacité qu'a le sage de se suffire à lui-même, de n'attendre ni des dieux ni des autres hommes ce que sa raison peut mettre à sa portée ; ce n'est pas un égoïsme facile. Cette indépendance permet au sage de jouir pleinement des plaisirs qui lui sont offerts. La conséquence politique de cette pensée est la recherche par Épicure d'une communauté autarcique qui, dans toute la mesure du possible, ne dépende pas du reste du monde.

Désirs

Les désirs sont ce qui détermine notre volonté. Ils peuvent être naturels et nécessaires, naturels mais non nécessaires, ou bien non naturels et non nécessaires. Le sage recherche les premiers et rejette les autres, fruits d'une civilisation décadente.

Douleur

Sensation dont on cherche à se défaire et dont l'absence est le plaisir même. Mais Épicure est optimiste en ce qui concerne la douleur : il pense que les grandes douleurs sont courtes tandis que les longues douleurs sont de faible intensité.

Erreur

Les erreurs humaines sont le fruit d'un mauvais choix. Et le mauvais choix résulte de l'application d'un mauvais critère. Épicure cherche donc à définir les critères de vérité qui accorderont les choix des hommes à la nature.

Hasard

Épicure refuse l'idée d'une nécessité implacable qui régirait le destin des hommes. Il y a deux types d'événements dans la vie humaine : ceux qui dépendent des hommes et ceux qui dépendent du hasard ou de la fortune. On ne peut agir que sur les premiers. Il faut donc accepter le hasard sans s'en préoccuper et réussir à tirer du plaisir de ce qui dépend de soi.

Intuition

Le terme grec est *prolêpsis*. On peut aussi le traduire par « anticipation » ou « prénotion ». Lorsqu'une sensation est plusieurs fois répétée, elle laisse en nous une empreinte qui nous donne la possibilité de devancer les sensations futures ; cette anticipation devra être confirmée ou infirmée par la sensation à venir. La *prolêpsis* s'oppose à *l'upolêpsis*, que l'on peut traduire par « supposition » ou « imagination », qui ne repose sur aucune sensation et ne peut en aucune façon conduire à une connaissance juste.

Justice
La justice relève d'un contrat. Les individus s'engagent à ne pas se nuire parce qu'ils comprennent que c'est le seul moyen de vivre en communauté. L'injustice est le non-respect de cet engagement et engendre la crainte d'être découvert et puni. C'est en ce sens seulement qu'elle est un mal.

Liberté
La liberté est l'indépendance qu'acquiert le sage vis-à-vis des choses extérieures. La vie humaine n'est pas soumise à la nécessité. Les hommes ont donc la possibilité de décider de leur vie et d'accéder à la liberté.

Morale
La morale est l'une des trois parties de la philosophie. Les deux autres sont la canonique (la logique) et la physique.

Mort
La mort est absence de sensations. La craindre est donc une absurdité car il ne peut y avoir de douleur dans la mort. C'est en prenant conscience de la réalité de cet état d'absence de sensations que l'homme peut se libérer de la crainte de la mort et vivre heureux.

Philosophie
La philosophie a une visée pratique : elle doit permettre à chacun de bien vivre. Une bonne connaissance de la nature et de ses lois libère l'homme de l'angoisse et du trouble qui l'empêchent d'accéder au bonheur.

Piété
Épicure critique les opinions populaires pour lesquelles les dieux interviennent dans les événements du monde. De telles croyances ne sont que superstitions. En revanche, Épicure recommande la piété à l'égard des dieux qui doivent être pour nous des modèles.

Plaisir

Le plaisir est un bien nécessaire au bonheur, mais seulement s'il est bien compris. Il ne doit pas asservir l'homme. Or rechercher le plaisir à tout prix et suivre tous ses désirs devient un esclavage. Chacun doit donc apprendre à maîtriser ses plaisirs, à se contenter de peu. Car le plaisir suprême, c'est de vivre sans souffrance et sans crainte. Le plaisir que recherche Épicure est donc un plaisir « en repos ».

Prudence

La prudence (*phronêsis*), est la vertu du sage. Elle est une attitude pratique, une force de l'esprit qui met l'homme prudent à l'abri des principaux écueils de l'existence. Elle a pour mission de calmer les désirs non nécessaires.

Sage

Le sage est celui qui applique strictement les critères de la vérité et suit par là même, sans faille, sa propre nature. Tout le monde n'a pas la capacité de le devenir. La vertu essentielle du sage est la prudence.

Sensation

Le mot grec est *aisthêsis* et signifie « perception ». La sensation est l'empreinte déposée par l'objet sur le sujet lors de leur contact dans la perception. Elle est donc objective et peut être un critère de vérité.

Sérénité

La sérénité de l'âme est la composante essentielle du bonheur. Cet état intérieur de paix et de calme s'appelle aussi ataraxie, du grec *ataraxia*, qui signifie « absence de trouble ».

Le principal obstacle à cette sérénité est la crainte, celle des dieux et celle de la mort. C'est après avoir formé une idée juste de la nature au sein de laquelle il vit que l'homme pourra se libérer de ses peurs. L'ataraxie est donc le contraire d'une indifférence ou d'un laisser-aller.

Bibliographie

Œuvres d'Épicure

• *Épicure et les épicuriens*, textes choisis par Jean Brun, PUF, 1971.

Lettres, maximes, sentences, textes choisis par Jean-François Balandé, Le Livre de poche, 1994.

• *Épicure : lettres et maximes*, textes choisis par Marcel Conche, PUF, 1990.

Ouvrages sur Épicure et l'épicurisme

• BOLLACK, Jean, *Épicure : la pensée du plaisir*, Éditions de Minuit, 1975.

• DIOGÈNE LAËRCE, *Vies et doctrines des philosophes illustres*, sous la direction de Marie-Odile Goulet- Cazé, Le Livre de poche, 1999.

• DUVERNOY, Jean-François, *L'Épicurisme et sa tradition antique*, Bordas, 1990.

• FESTUGIÈRE, André-Jean, *Épicure et ses dieux*, PUF, 1997.

• GOLDSCHMIDT, Victor, *La Doctrine d'Épicure et le droit*, Vrin, 1977.

• GRENAILLE, Robert, *Vie, doctrines et sentences des philosophes illustres*, GF-Flammarion, 1965.

• MOREAU, Joseph, *Stoïcisme, épicurisme, tradition hellénique*, Vrin, 1979.

• NIZAN, Paul, *Les Matérialistes de l'Antiquité : Démocrite, Épicure, Lucrèce*, Maspéro, 1971 ; Arléa, 1999.

• RODIS-LEWIS, Geneviève, *Épicure et son école*, Gallimard, coll. « Folio Essais », 1993.

• SALEM, Jean, *L'Éthique d'Épicure*, Vrin, 1994, 2002.

• UCCIANI, Louis, *Sans nom, ni rang. Épicure : le multiple et ses représentations*, Kiné, 1995.

Conception graphique de la maquette : c-album, Jean-Baptiste Taisne, Rachel Pfleger ; Studio Favre & Lhaïk ; dossier : Lauriane Tiberghien • Principe de couverture : Double • Mise en page : Chesteroc Ltd • Chronologie : Domino • Suivi éditorial : Luce Camus

Hatier s'engage pour l'environnement en réduisant l'empreinte carbone de ses livres. Celle de cet exemplaire est de :
300 g éq. CO_2
Rendez-vous sur www.hatier-durable.fr

Achevé d'imprimer par Grafica Veneta SpA - Italie
dépôt légal n° 99139-4/01 - Mars 2015